Kathrin Lena Orso wurde 1987 in Landshut geboren. Ihre zwei großen Leidenschaften sind Musik und Geschichten. Während ihrer Ausbildung zur Erzieherin entdeckte sie, dass man beides wunderbar in Songtexten vereinen kann. 2015 erhielt sie ein Förderstipendium für Textdichter an der Celler Schule. Die besten Ideen für neue Lieder und Buchprojekte kommen ihr, wenn sie mit ihrer Hündin durch die Wälder streift und sich vom Wind den Kopf freipusten lässt.

Elke Broska wurde 1980 geboren und studierte Design an den Fachhochschulen in Bielefeld und Mainz mit den Schwerpunkten Illustration und Buchgestaltung.
Seit ihrem Abschluss 2007 ist sie als freie Illustratorin für zahlreiche Verlage tätig. Sie lebt mit Mann, Mops und Meerschweinchen in Wiesbaden.

Kathrin Lena Orso

Weihnachten auf dem Tannenhof

24 Adventsgeschichten zum Miträtseln

Mit Illustrationen
von Elke Broska

Oetinger Taschenbuch

MIX
Papier aus verantwortungsvollen Quellen
FSC® C014496
www.fsc.org

Originalausgabe
1. Auflage

Max-Brauer-Allee 34, 22765 Hamburg

Umschlaggestaltung und Innenillustrationen: Elke Broska
Satz: Sabine Conrad, Bad Nauheim
Druck: GGP Media GmbH,
Karl-Marx-Straße 24, 07381 Pößneck, Deutschland
ISBN 978-3-8415-0643-6

www.oetinger-taschenbuch.de

Kapitel 1

»Aufstehen, Miri! Los!«

»Mrmpf«, grummelte Miri und zog sich die Decke über den Kopf. Es war Wochenende. Nach fünf langen Schultagen hätte sie endlich ausschlafen können.

Doch daraus wurde nichts. Jemand zog unsanft Miris Decke weg und begann, wild auf ihrem Bett herumzuhüpfen.

»Hey, was soll denn das?«, rief Miri und schlug die Augen auf.

Ihr kleiner Bruder Fiete kicherte. Er war barfuß und trug seinen Schneemannschlafanzug.

»Heute ist der erste Dezember!«, sagte Fiete. »Komm mit in die Küche. Wir dürfen das erste Türchen vom Adventskalender aufmachen!«

Miris Müdigkeit verflog sofort. Der erste Dezember! Na klar! So lange hatte sie darauf gewartet, dass endlich die Vorweihnachtszeit losging. Lebkuchen essen, Tannenduft, Adventslieder und Weihnachtsheimlichkeiten. Diese Zeit war eindeutig die allerschönste im ganzen Jahr.

Miri sprang aus dem Bett, lief zu ihrer Zimmertür und rief: »Wer zuerst unten ist!«

»Das ist gemein, du hast einen Vorsprung«, protestierte Fiete und rannte Miri hinterher, die schon auf der Treppe war.

Kichernd erreichten sie die Küche und stolperten gleichzeitig durch die Tür.

»Na, ihr habt es aber eilig«, sagte Miris Papa lachend, der gerade den Tisch deckte. »Ich dachte schon, bei uns ist eine Horde wild gewordener Rentiere eingefallen.«

»Nein, Papa!«, rief Fiete und grinste breit. »Wir haben ein Wettrennen gemacht.«

Miri schloss die Tür hinter sich. In der Küche war es wohlig warm. Im Holzofen knisterte ein Feuer, und auf der gusseisernen Herdplatte summte der alte Teekessel leise vor sich hin. Auf dem Esstisch standen Honig und selbst gemachte Marmeladen. Neben der Müslipackung wartete schon eine dampfende Kanne Kakao auf Miri und Fiete.

In der Mitte lag der Adventskranz, den Miri zusammen mit ihrer Mama gebunden hatte. Alle Kerzen waren noch unberührt. Erst morgen durften sie die erste anzünden. Miri freute sich darauf, denn die Adventssonntage waren bei der Familie Tanner immer etwas ganz Besonderes: Abends trafen sich alle im Wohnzimmer, und dann sangen sie zusammen Adventslieder, die Mama auf ihrer Gitarre begleitete.

Doch jetzt waren erst mal die Adventskalender an der Reihe. Beide hingen an der Wand über der Eck-

bank. Auf Fietes Kalender war ein Nikolaus abgebildet, der den Waldtieren Nüsse und Heu brachte. Miris zierte ein Pony mit einem rot-weißen Sattel und goldenen Glöckchen am Zaumzeug. Es trabte durch eine verschneite Winterlandschaft.

Miri ging voller Vorfreude zu ihrem Kalender. Sie klappte das Türchen mit der Nummer eins auf, und zum Vorschein kam ein kleiner Tannenbaum aus Schokolade.

»Schaut mal«, sagte Miri. »Ein Tanner-Tannenbaum. Das passt doch sehr gut.«

»Stimmt«, schmatzte Fiete. Er hatte sich den Schokoladenstern aus seinem Adventskalender schon in den Mund gesteckt und wischte sich seine verschmierten Finger am Schlafanzug ab.

Die Küchentür öffnete sich, und Miris Mama kam herein. Ihr Gesicht war leicht gerötet, die braunen Locken standen ihr vom Kopf ab. »Brr, heute geht ein eiskalter Wind. Zieht euch warm an, wenn ihr nach draußen geht.«

In der Früh machte Frau Tanner immer den Stalldienst und versorgte die Pferde. Sie setzte sich an den Küchentisch und legte einen Stapel dunkelroter Briefumschläge auf der Eckbank ab. Miri nahm einen in die Hand. Es waren die Einladungskarten für die Tannenhof-Weihnachtsfeier. Die fand jedes Jahr am 22. Dezember in der Reithalle statt. Alle Freunde kamen auf den Hof. Es wurde zusammen gesungen, Punsch getrunken und ein Krippenspiel zu Pferd aufgeführt. Miri fand, dass die Feier fast so schön war wie das eigentliche Weihnachtsfest.

Herr Tanner stellte den Brotkorb auf den Tisch und fragte: »Wollt ihr später beim Tannenbaumverkauf helfen?«

»Oh ja!«, rief Fiete. »Ich bin der beste Weihnachtsbaumverkäufer der Welt!«

Die Familie Tanner hatte schon seit Generationen eine Tannenbaumplantage im angrenzenden Wald.

Jedes Jahr am ersten Dezember begann der Weihnachtsbaumverkauf auf dem Tannenhof. In der kleinen Stadt Weißenfels war allgemein bekannt, dass die Tanner-Tannen die allerschönsten waren.

»Ich kann leider nicht«, antwortete Miri und tunkte ein Brötchen in ihren Kakao. »Jule und Fiona kommen gleich vorbei, schon vergessen? Wir haben für Odin, Skotti und Elja eine Adventsüberraschung vorbereitet, die müssen wir heute unbedingt ausprobieren.« Miri drückte ihrem Papa einen Kuss auf die Wange. »Aber morgen helfe ich mit, versprochen!«

Nachdem Miri gefrühstückt hatte, lief sie hinauf in ihr Zimmer und schlüpfte in ihre Reithose und einen dicken Wollpullover. Dann putzte sie sich im Bad die Zähne und flitzte wieder nach unten, um ihre Winterjacke und die Reitstiefel anzuziehen. Als Letztes schlang sie einen Schal um den Hals, stülpte sich ihre tannengrüne Lieblingsmütze über die roten Locken, und schon ging es nach draußen.

Als Miri die Haustür öffnete, wurde sie von einer eisigen Windböe und einem freudigen Bellen begrüßt. Bruno, der Rauhaardackel der Familie, kam auf seinen kurzen Beinen angelaufen und stupste Miri mit seiner feuchten Schnauze an. Miri beugte sich zu ihm und kraulte seine Ohren. »Na Bruno! Passt du fleißig auf den Hof auf?« Bruno legte seinen Kopf schief und wedelte zustimmend mit dem Schwanz.

In diesem Moment hörte Miri Reifen über den gepflasterten Hof holpern. Sie drehte sich um und sah das schwarze Auto von Herrn Seibert einfahren. Bruno stürmte bellend los. Jeder, der auf den Hof kam, sollte wissen, dass Bruno hier der Chef war.

Kaum hatte das Auto angehalten, öffneten sich schon die beiden Hintertüren, und Miris beste Freundinnen Fiona und Jule sprangen heraus.

»Happy erster Dezember!«, rief Jule und deutete auf eine blinkende Nikolausmütze, die sie auf dem Kopf trug.

Fiona kicherte und strich sich eine Haarsträhne aus dem Gesicht. Heute trug sie ein türkisfarbenes Stirnband mit einem aufgestickten Schneekristall aus Perlen, das wunderbar zu ihren blonden Haaren und den meerblauen Augen passte.

Fiona und Jule holten ihre Rucksäcke aus dem Kofferraum. Dann umarmte Jule ihren Vater durchs offene Fahrerfenster und rief: »Bis morgen! Du kannst dir mit dem Abholen ruhig Zeit lassen!«

Herr Seibert gab Jule einen Stups auf die Nase. »Wenn wir es erlauben würden, wärst du schon längst auf den Tannenhof gezogen, oder?«

Jule grinste. »Klaro, aber ich würde euch ab und zu besuchen, versprochen! Tschüss, ich muss jetzt zu Skotti. Wir waren schließlich eine ganze Nacht lang voneinander getrennt.«

Die drei Freundinnen winkten Herrn Seibert hinterher, bis er durch das Hoftor gefahren war. Dann machten sie sich auf den Weg zu ihren Pferden.

Als Miri die Stalltür aufschob, stieg ihr der wunderbare Geruch von Heu, Mist und warmen Pferdekörpern in die Nase. Sie atmete tief ein und spürte, wie sich ein wohliges Gefühl von Glück in ihrem Körper ausbreitete.

Wie alle anderen Gebäude auf dem Tannenhof war der Pferdestall ein alter Backsteinbau, der schon seit Jahrzehnten als Pferdestall genutzt wurde. Vor einigen

Jahren hatten ihre Eltern ihn zu einem Offenstall umgebaut. Die Pferde mussten nun nicht mehr alleine in engen Boxen stehen, sondern wurden als Herden gehalten – genauso wie Wildpferde in der freien Natur lebten. Außerdem konnten sie jederzeit entscheiden, ob sie lieber drinnen oder draußen auf dem Paddock sein wollten.

Miri, Fiona und Jule gingen durch die Stallgasse zur letzten Boxentür, die zur Wikinger-Herde führte. So hatten die drei Freundinnen die Herde ihrer Isländer genannt. Im Moment waren die Pferde draußen. Miri schob den Riegel der Tür nach oben, und die Mädchen stapften durch das weiche Stroh in den Freilauf. Als die Pferde die Freundinnen kommen sahen, hoben sie interessiert ihre Köpfe. Sigur und Tinni schnaubten.

Ein Pferd wälzte sich gerade im Matsch. Das musste Jules Pferd, Skotti, sein. Eigentlich war er ein weiß-brauner Schecke, doch unter der erdigen Kruste konnte man nicht viel von seinem Fell erkennen. »Oh Skotti«, seufzte Jule und grinste schief. »In diesem Winter werde ich dich wohl nicht mehr sauber bekommen!«

Fiona ging zu einer zierlichen weißen Stute und begrüßte sie. »Hallo, meine Hübsche! Geht's dir gut?« Elja legte ihren Kopf auf Fionas Schulter und wieherte zufrieden. Elja war ein Schulpferd des Tannenhofs. Fiona lebte alleine mit ihrer Mutter, und die konnte sich ein eigenes Pferd für Fiona nicht leisten. Aber trotzdem gehörten Elja und Fiona einfach zusammen! Da waren sich die Freundinnen einig.

Miris Wallach Odin ließ seinen Blick wachsam über die Herde schweifen. Odin war das Leittier. Nachdem er sich davon überzeugt hatte, dass er seinen Posten verlassen konnte, trottete er auf Miri zu und stupste sie auffordernd an.

»Hallo, Großer«, sagte Miri und tätschelte Odins Hals. »Du willst ausreiten, stimmt's?«

Odin schnaubte leise. Was in Pferdesprache so viel hieß wie: »Worauf warten wir noch?!«

Die Mädchen führten die Pferde zum Sattelplatz in der Stallgasse.

Miri grinste Jule und Fiona an. »Ich bin schon ganz gespannt, was die drei zu ihrer Überraschung sagen werden.«

»Oh ja! Ich auch. Sie werden so hübsch aussehen«, sagte Fiona mit glänzenden Augen.

»Los, kommt!«, rief Jule. »Holen wir unsere Sachen aus der Sattelkammer, und dann machen wir einen Ausritt in den Wald.«

Rätsel 1

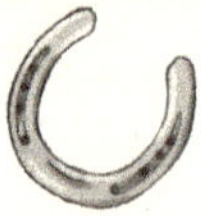

Was brauchen die Mädchen alles für ihren Ausritt? Trage die Wörter in das Kreuzworträtsel ein und erfahre, welche Überraschung Miri, Jule und Fiona für ihre Pferde haben.

Was hilft im Winter gegen kalte Finger?	s
Womit wird das Pferd beim Reiten gelenkt?	z
Was liegt unter dem Sattel?	e
Was trägt der Reiter an seinen Füßen?	t
Worauf sitzt der Reiter?	a
Was stützt die Füße des Reiters?	ü
Was muss man beim Reiten auf dem Kopf tragen?	m

Reithelm

Zaumzeug

Satteldecke

Handschuhe

Reitstiefel

Sattel

Steigbügel

Die Freundinnen schenken ihren Pferden zum 1. Dezember neue ______ !

Kapitel 1

»Wir haben die hübschesten Weihnachtspferde der ganzen Welt!«, sagte Miri und sah Odin, Elja und Skotti verzückt an. Alle drei standen in der Stallgasse und trugen ihre neuen roten Halfter, die mit kleinen, goldenen Sternen verziert waren.

Fiona hatte Miri und Jule gezeigt, wie man Halfter selbst nähen konnte. Sie war in solchen Sachen richtig gut, denn ihre Mutter, Stine Johansson, hatte in Weißenfels einen kleinen Laden, in dem sie Stoffe, Wolle und Bastelsachen verkaufte. Nebenbei strickte und häkelte sie für ihren Blog *Verstrickt und Zugenäht*, über den sie Anleitungen zur Verfügung stellte.

»Wir müssen nachher unbedingt noch Fotos machen«, sagte Jule. »Die könnten wir dann als Weihnachtskarten verschicken!«

In diesem Augenblick öffnete sich die Stalltür, und Frau Westermann führte ihre Isländerstute Prinzessa herein, die auch zur Wikinger-Herde gehörte. Frau Westermann war eine Einstellerin. Das bedeutete, dass Prinzessa auf dem Tannenhof wohnte und hier mit allem versorgt wurde, was sie brauchte. Dafür bekamen die Tanners Geld.

»Hallo, Frau Westermann!«, grüßte Miri. »Waren Sie ausreiten?«

Frau Westermann pustete sich eine Haarsträhne aus dem Gesicht. Wie immer trug sie elegante Reitkleidung und war geschminkt. Miri hatte noch nie verstehen können, warum sich manche Reiterinnen für den Stall so aufdonnerten. Den Pferden war es ziemlich egal, wie man aussah.

»Wir wollten eigentlich auf den Reitplatz«, sagte Frau Westermann. »Aber das ist mir heute wirklich zu windig. Prinzessa ist momentan sehr empfindlich und muss sich schonen.«

Während Frau Westermann weiterging, um ihre Stute abzusatteln, drehte sich Miri augenrollend zu Fiona und Jule. Wenn Isländer eines waren, dann bestimmt nicht empfindlich!

Als Jule die Stalltür öffnen wollte, mussten die Mädchen feststellen, dass der Wind tatsächlich stärker geworden war. Jule stemmte sich gegen die Tür und konnte sie nur mit Mühe aufdrücken.

»Da braut sich ja ein richtiger Sturm zusammen«, sagte Fiona und sah besorgt zum Himmel, der mit dichten Wolken verhangen war.

Miri führte Odin in den Hof hinaus. Hier war inzwischen einiges los. Miris Eltern und Fiete standen vor der großen Scheune, wo die Weihnachtsbäume aufgereiht waren, die verkauft werden sollten. Einige Interessenten hatten ihre Autos davor geparkt und begutachteten die Bäume mit fachmännischen Blicken. Den perfekten Weihnachtsbaum auszuwählen, war schließlich eine schwierige Angelegenheit. Auch hier war der Wind alles andere als hilfreich: Er fegte durch die Tannenzweige und hatte schon einige von den kleineren Bäumen umgeworfen.

Miri formte ihre Hände zu einem Trichter und rief: »Tschüss, wir reiten in den Wald!«

Frau Tanner verabschiedete sich von einer Kundin, die eine besonders buschige Tanne gekauft hatte, und ging dann zu den Mädchen.

»Mir wäre es lieber, wenn ihr nicht ausreitet. Es kam gerade eine Unwetterwarnung im Radio. Heute soll es noch einen Schneesturm geben. Da ist es im Wald zu gefährlich. Ihr könntet von herunterfallenden Ästen getroffen werden.«

Miri verzog den Mund zu einer Schnute. »Ach Manno, das ist ja doof. Wir wollten hübsche Weihnachtsfotos mit den Pferden machen.«

Frau Tanner lächelte. »Das könnt ihr morgen immer noch. Mit Schnee ist es sowieso viel schöner. Geht doch auf den Reitplatz, um die Pferde zu bewegen.«

»Vielleicht hat deine Mama recht«, sagte Fiona, als Frau Tanner wieder gegangen war. »Wir können ja ein paar Bahnfiguren üben und es uns dann bei Tee und Lebkuchen in deinem Zimmer gemütlich machen.«

Miri seufzte. »Okay, das klingt auch gut.«

Miri, Jule und Fiona führten ihre Pferde rechts an der Scheune vorbei. Hier ging es zur Reithalle. Wenn das Wetter zu schlecht war, um auf dem Reitplatz zu trainieren, hatten sie dort ihre Reitstunden. Hinter der Reithalle stand eine riesige Tanne. Sie war bestimmt hundert Jahre alt und wurde jedes Jahr zur Weihnachtszeit mit Lichterketten und Strohsternen geschmückt. Das hatten die Tanners bereits gestern erledigt. Miri liebte diese Tanne. Wenn sie in der Dunkelheit leuchtete, wusste sie, dass nun wirklich bald Weihnachten sein würde.

Die Mädchen saßen auf und ritten einen Feldweg entlang an der Westkoppel vorbei. Kurz darauf erreichten sie den Reitplatz, den sie heute ganz für sich alleine hatten.

»Wollen wir noch mal üben, durch den Zirkel zu wechseln?«, fragte Jule. »Das hat bei mir und Skotti in der letzten Reitstunde nicht so richtig geklappt.«

»Klar, machen wir!«, sagte Miri. »Meine Mama hat mir gezeigt, dass man einfach ...« Doch bevor Miri ihren Freundinnen den Trick vorführen konnte, wanderte ihr Blick zum Waldrand, der etwa zweihundert Meter vor ihnen lag. Im Augenwinkel hatte sie etwas Seltsames bemerkt. Sie kniff die Augen zusammen, um es besser sehen zu können. Es war orange-rot und bewegte sich hin und her.

»Was ist denn das?«, fragte Miri und starrte angestrengt zum Wald.

Fiona folgte Miris Blick, und auch Jule drehte den Kopf. »Hm, ich kann es nicht erkennen. Vielleicht ein Stofffetzen, der vom Wind herumgeweht wird?«

»Ich weiß nicht. Es bewegt sich viel schneller als die Äste am Waldrand«, sagte Fiona und beugte sich auf Eljas Rücken so weit wie möglich nach vorne.

Miri drehte ihren Kopf zur Seite und lauschte konzentriert.

»Ich glaube, ich höre was. Da fiept doch jemand, oder?«

»Stimmt«, sagte Jule und setzte sich mit Skotti in Bewegung. »Los, kommt! Wir müssen nachsehen!«

Als die Mädchen den Wald erreichten, begannen gerade die ersten Schneeflocken vom Himmel zu fallen. Doch Miri, Fiona und Jule achteten gar nicht darauf. Sie stiegen in einigen Metern Entfernung von ihren Pferden ab und näherten sich dem orange-roten Ding, das sich immer noch schnell hin und her bewegte. Endlich konnten sie erkennen, was es war:

»Das ist ein kleines Kätzchen«, flüsterte Fiona. »Ihre Hinterbeine haben sich in einer Plastiktüte verfangen.«

»Oje, die Arme«, sagte Jule und sah die Katze voller Mitleid an. »Dass die Leute auch immer ihren Müll im Wald liegen lassen müssen!«

Miri kniete sich vor der Katze auf den mittlerweile schneebedeckten Boden. Sie war noch ganz klein und hatte ein orangefarbenes Tigerfell. Als Miri ihre Hand nach ihr ausstreckte, fauchte die Katze drohend und zappelte noch wilder. Der hintere Teil der Tüte hatte sich in den Dornen eines Brombeerstrauchs verheddert, sodass das Kätzchen keine Chance hatte, zu entkommen.

»Ganz ruhig, Kleines«, sagte Miri. »Ich befreie dich.« Sie griff nach der Tüte und versuchte, sie von den Brombeerranken zu lösen, was bei der zappelnden Katze und den widerspenstigen Dornen nicht ganz einfach war.

»Gleich hab ich es«, sagte Miri. In diesem Moment

löste sich die Tüte. Die Katze merkte, dass sie nicht mehr in den Ranken festhing, und machte einen Satz nach vorne. Voller Panik lief sie mit der Plastiktüte, die immer noch um ihre Hinterbeine gewickelt war, in den Wald.

»Oh nein! Ich hätte die Katze festhalten sollen«, stöhnte Miri. »Ich muss ihr hinterher. Wenn sie wieder irgendwo hängen bleibt, verhungert sie bestimmt. Kommt ihr mit?«

Jule und Fiona nickten entschlossen. Der Schneefall war stärker geworden und hatte ihre Reithelme bereits eingeschneit. Aber ein Tier brauchte ihre Hilfe, da war so ein bisschen Schnee erst mal egal.

Die Mädchen stiegen wieder auf ihre Pferde und ritten langsam in den Wald hinein. Der Wind pfiff durch die Baumwipfel, und die Äste über ihnen ächzten bedrohlich.

»In welche Richtung ist sie gelaufen?« Fiona sah sich suchend um.

»Ich glaube nach links«, antwortete Jule.

Skotti wieherte leise. Die Freundinnen ritten im Schritttempo weiter, doch die orange Katze mit der roten Tüte war nirgends zu sehen.

Plötzlich knackte es über ihnen. Miri sah nach oben und konnte gerade noch »Vorsicht!« rufen, da sauste auch schon ein morscher Ast nach unten und fiel krachend hinter ihnen auf den Boden.

Elja erschrak und machte einen Satz nach vorne. »Ho, ganz ruhig, Elja«, beruhigte Fiona ihre Stute. Dann blickte sie zu Miri und Jule. »Ich glaube, es wird wirklich zu gefährlich. Wir sollten umdrehen.«

Miri wusste, dass Fiona recht hatte. Sie ließ ein letztes Mal ihren Blick durch den Wald wandern. Sie hätte der kleinen Katze so gerne geholfen. Bestimmt war sie hungrig und fror ganz schrecklich. Miri liebte alle Tiere, und sie konnte es nicht ertragen, wenn eines leiden musste.

Sie wollte mit Odin gerade wenden, als sie zwischen den Bäumen etwas Rotes aufblitzen sah. War das die Katze? Sie hielt sich schützend eine Hand über die Augen, um den Wind abzuschirmen, und tatsächlich: Das Kätzchen schien sich in einer Baumhöhle verkrochen zu haben.

Miri deutete mit dem Zeigefinger darauf und rief zu den anderen: »Da ist sie! Wir müssen sie einkreisen. Sie darf uns auf keinen Fall noch mal entwischen!«

Als sie sich bis auf wenige Meter genähert hatten, saßen die drei Freundinnen so leise wie möglich von ihren Pferden ab und schlichen mit ausgestreckten Händen zur Baumhöhle, jederzeit bereit, nach der Katze zu greifen. Die musste sie entdeckt haben: Die Tüte im Baum erzitterte. Das Kätzchen stieß ein kehliges Miauen aus und wollte nach draußen springen, aber Miri war schneller. Sie schnappte sich die Katze, die ihre spitzen

Krallen in Miris Winterjacke grub. Doch Miri war das egal. Sie hielt sie ganz fest, während Jule und Fiona vorsichtig die Tüte von den Hinterpfoten streiften.

»Und was jetzt?«, fragte Jule.

»Wir müssen sie mitnehmen«, sagte Fiona. »Bei dem Wetter können wir sie nicht im Wald lassen. Wer weiß, wie lange sie schon nichts mehr gefressen hat. Nur, wie transportieren wir sie?«

»Ich stecke sie unter meine Jacke!«, sagte Miri und sah das wütende kleine Kätzchen an. »Hoffentlich zerkratzt es mir nicht mein Gesicht.«

Jule öffnete den Reißverschluss von Miris Jacke. Miri presste die Katze an ihre Brust und schloss den Reißverschluss wieder. Das Fell des Kätzchens war eiskalt, und ihr kleines Herz klopfte rasend schnell vor Angst, aber zu Miris Überraschung hielt sie sich nun ganz still.

»Alles gut«, sagte Miri beruhigend. »Wir nehmen dich mit nach Hause. Da hast du es warm und kuschelig.«

»Guter Plan«, sagte Jule. »Dann nichts wie zum Tannenhof, bevor uns der Schneesturm noch wegweht!«

Rätsel 2

Hilf Miri, Fiona und Jule, den Weg zum Tannenhof zu finden!

Kapitel 3

Endlich hatten sich die Freundinnen durch den Sturm gekämpft, und sie konnten durch die dichten Schneeböen den Tannenhof erkennen. Die Wiesen und Felder waren bereits dick eingeschneit, und auch Miri, Fiona und Jule sahen auf ihren Pferden wie Schneefrauen aus. Miri hatte ihren Schal über das Gesicht gezogen, doch ihre Augen tränten, und die Haut an den Wangen fühlte sich an, als ob sie von Hunderten eisigen Nadeln gepikt werden würde.

Als die drei Mädchen die Stalltür erreichten, wurde sie aufgestoßen, und Frau Tanner stand mit blassem Gesicht vor ihnen. »Wo seid ihr denn gewesen? Wir haben uns schreckliche Sorgen gemacht!«

Miri ließ sich von Odins Rücken gleiten und sah ihre Mutter entschuldigend an. »Ein kleines Kätzchen war in Not. Es hatte sich in einer Plastiktüte verheddert. Wir konnten es doch nicht einfach im Stich lassen.« Wie zum Beweis begann die Katze nun wieder unter Miris Jacke zu zappeln und maunzte.

»Ist ja gut!« Miris Mutter seufzte. »Jetzt lasst uns schnell die Pferde versorgen, und dann ab mit euch ins Warme.« Sie strich Miri den Schnee vom Reithelm

und drückte sie an sich. »Das Wichtigste ist, dass euch dreien und den Pferden nichts passiert ist.«

Nachdem sie Odin, Elja und Skotti abgetrocknet und mit einer extragroßen Portion Heu und Hafer gefüttert hatten, machten sich Miri, Fiona, Jule und Frau Tanner auf den Weg ins Wohnhaus. Der Schnee auf ihren Jacken war inzwischen geschmolzen, und die Mädchen bibberten vor Kälte.

Frau Tanner schloss die Haustür hinter ihnen und sperrte den tobenden Schneesturm aus.

»Die nassen Sachen müsst ihr ausziehen. Ich hänge sie zum Trocknen auf, dann könnt ihr euch unter einer warmen Decke auf die Couch kuscheln.«

Miri öffnete den Reißverschluss ihrer Jacke, und die kleine Katze sprang auf den Flurboden. Sie tapste vorsichtig weiter und sah sich neugierig um.

»Ich glaube, ihr gefällt es bei euch!«, sagte Jule und beobachtete lächelnd, wie die Katze durch den Türspalt in die Küche huschte.

Die Mädchen zogen sich schnell trockene Kleidung an und gingen dann ebenfalls in die Küche. Hier standen Miris Eltern und Fiete, die dem Kätzchen dabei zusahen, wie sie gierig eine Portion Thunfisch aus der Dose verschlang.

»Na, ihr Abenteurerinnen«, sagte Herr Tanner und lächelte. »Bei euch ist ja immer was los.«

»Sowieso!« Miri knuffte ihren Papa liebevoll in die Seite.

Fiete hopste auf und ab. »Ihr seid so mutig. Wenn ich das am Montag im Kindergarten erzähle, werden die anderen aber Augen machen.«

Miri sah ihre Eltern fragend an. »Darf die Katze erst mal bei uns bleiben? Wir wissen ja nicht, wem sie gehört. Und schließlich muss man sich in der Weihnachtszeit um alle kümmern, die kein Zuhause haben.«

Frau Tanner lachte. »Das stimmt natürlich. Übrigens ist eure Katze ein Kater. Wir nehmen ihn auf, bis wir den Besitzer gefunden haben. Am besten hören wir uns alle mal um, ob jemand ihn vermisst.«

»Jippie!«, jubelte Jule. »Und ich weiß auch schon den perfekten Namen für ihn: Rudolf.«

»Rudolf?« Fiona sah Jule verwirrt an.

»Klar, eigentlich ist Rudolf ein Rentier und hat eine rote Nase, aber unser Rudi hier hat ein rotes Fell.«

»Okay«, stimmte Miri grinsend zu. »Dann herzlich willkommen auf dem Tannenhof, Rudi!«

Draußen heulte der Wind und drückte die Schneeflocken gegen die Fensterscheibe, aber im Wohnzimmer war es kuschelig gemütlich. Hier hatten es sich alle bequem gemacht – Familie Tanner, Fiona und Jule. Aus den Lautsprecherboxen tönte Weihnachtsmusik, auf dem Tisch standen

Kerzen, eine Kanne Tee, Plätzchen und ein Teller mit Käsebroten.

Auch Rudi durfte mit ins Wohnzimmer. Dort hatte sich der kleine Kater umgesehen, bevor er auf einen Sessel gesprungen war und sich erschöpft einrollte. Bruno und er hatten sich kurz beschnuppert, doch Rudi schien seltsamerweise keine Angst vor dem Hund zu haben.

Jule griff nach einem Zimtstern und sagte: »Ich habe gar nicht gemerkt, wie hungrig ich bin.«

»Oh ja!«, sagte Fiona, während sie in ein Käsebrot biss. »In meinem Bauch ist ein riesiges Loch.« Miri wärmte sich ihre Finger an einer Tasse Tee. Ihre Hände fühlten sich immer noch wie Eiszapfen an.

»Hoffentlich wird der Tannenhof nicht weggeweht«, sagte Fiete, der am Fenster stand und mit ängstlichem Blick nach draußen schaute.

»Mach dir keine Sorgen«, beruhigte ihn Frau Tanner. »Der Tannenhof hat schon viele Stürme überstanden, er wird auch diesem standhalten.«

»Wie alt ist der Tannenhof eigentlich schon?«, fragte Fiona und trank einen Schluck Tee. »Das wollte ich schon lange mal wissen.«

»Ich auch.« Jule klopfte ein paar Plätzchenkrümel von der Decke. »Miri hat mal erzählt, dass ihre Ururgroßmutter die ersten Pferde aus Island mitgebracht hat.«

»Ja, das stimmt«, antwortete Miris Mutter. »Elise

Tanner begleitete ihren Mann, der Archäologe war, immer auf seinen Reisen. Sie fanden es schrecklich, voneinander getrennt zu sein. Anfang des zwanzigsten Jahrhunderts machten sie eine Expedition nach Island, um die Siedlungsgeschichte der Wikinger zu erforschen. Als ihr Mann bei einem Unfall starb, kehrte Elise mit ihren Kindern und acht Islandpferden in die Heimat zurück und übernahm dort den alten Bauernhof ihrer Eltern. Statt Kühen und Schafen züchtete sie Pferde und gab Reitunterricht – für die damalige Zeit ein ziemlich mutiger Schritt für eine verwitwete Frau. Na ja, und seitdem gibt es den Tannenhof, wie wir ihn heute kennen.«

»Wow!«, rief Jule bewundernd. »Eine tolle Geschichte.«

»Ja, aber das Wichtigste wisst ihr ja noch gar nicht«, sagte Herr Tanner, und über sein Gesicht huschte ein verschmitztes Grinsen.

»Was denn, Papa? Sag schon!« Fiete sah seinen Vater mit großen Augen an.

Herr Tanner machte eine bedeutungsschwere Pause und sagte dann mit geheimnisvoller Stimme: »Elise soll irgendwo auf dem Tannenhof einen Wikingerschatz versteckt haben.«

»Was? Ein Schatz?«, rief Miri. Vor Erstaunen fiel ihr fast das Käsebrot aus der Hand. »Warum weiß ich davon nichts?«

Frau Tanner seufzte. »Weil das nur ein Märchen ist, das seit Generationen weitererzählt wird. Angeblich sollen Elise und ihr Mann in Island einen alten Wikingerschatz gefunden haben, den Elise mit nach Deutschland gebracht und dann aus irgendeinem Grund versteckt hat.«

Miris Papa lachte. »Ja, so gut versteckt, dass er bis heute unauffindbar ist. Als ich eure Mama geheiratet habe und auf den Tannenhof kam, war ich auch im Schatzsucher-Fieber. Ich habe alles auf den Kopf gestellt, vom Dachboden bis zum Keller. Die Scheune, den Stall und die Reithalle durchsucht – ohne Erfolg. Elise Tanner soll ja eine humorvolle Frau gewesen sein. Bestimmt hat sie sich diese Geschichte ausgedacht, um noch vielen Tanner-Generationen in Erinnerung zu bleiben.«

Miri, Fiona und Jule sahen sich mit leuchtenden Augen an. Ein richtiger Schatz auf dem Tannenhof, den noch nie jemand gefunden hatte. Wenn das mal nicht aufregend war!

»Ich würde zu gerne wissen, wie Elise wohl ausgesehen hat«, sagte Miri. »Gibt es ein Bild von ihr?«

»Lass mich mal überlegen«, sagte Frau Tanner. »Irgendwo habe ich bestimmt eines.« Sie ging zu einer Holzkommode und holte eine kleine Truhe heraus. Darin war ein ganzer Stapel mit alten Schwarz-Weiß-Fotos und Postkarten. Viele waren vergilbt oder eingerissen. Frau Tanner blätterte sie durch und rief irgendwann: »Hier, auf diesem Foto ist Elise mit anderen Frauen, die auf dem Hof gearbeitet haben, zu sehen.«

Miri nahm das Foto und schaute es mit Jule und Fiona an. Das Bild zeigte sieben Frauen vor dem Pferdestall. Sie waren unterschiedlichen Alters und machten ernste Gesichter. Über ihnen hing das Tannenhof-Wappen: der Umriss einer Tanne, die auf eine Metallplatte graviert und von acht Hufeisen umgeben war.

»Das Tannenhof-Symbol ist so hübsch.« Fiona deutete auf das Foto. »Hat es eine Bedeutung?«

»Ja«, sagte Frau Tanner. »Die Tanne in der Mitte steht natürlich für die Familie Tanner. Die acht Hufeisen stammen von den ersten Isländern, die Elise mit nach Deutschland gebracht hat. Sie sollen uns immer an die Anfänge des Tannenhofs erinnern.«

»Eine tolle Geschichte«, wiederholte Jule noch einmal und betrachtete die Fotografie. »Aber so richtig glücklich sehen die Frauen auf dem Foto nicht aus.«

»Das stimmt«, antwortete Herr Tanner. »Zur damaligen Zeit war es nicht modern, auf Fotos zu lächeln.«

Fiona studierte die Gesichter auf dem Bild genauer. »Aber wer von den Frauen ist nun eigentlich Elise Tanner?«

Rätsel 3

Findest du heraus, wer auf dem Foto Miris Ururgroß-mutter Elise Tanner ist?
Die folgenden Hinweise werden dir bei der Suche helfen.

* Elise Tanner trägt keinen Schmuck.
* Elise Tanner sitzt nicht ganz links im Bild.
* Elise Tanner hält kein Buch in der Hand.
* Elise Tanner steht nicht ganz rechts im Bild.
* Elise Tanner trägt keinen Gürtel.
* Elise Tanner sitzt nicht neben der Frau mit dem Buch in der Hand.

Kapitel 4

Bis zum Abend hatten die drei Freundinnen noch mit Miris Eltern und Fiete zusammengesessen und alte Fotos angesehen, während draußen der Sturm ums Haus heulte.

Schließlich waren die Mädchen in Miris Zimmer gegangen, um bis tief in die Nacht über ihr Schneesturmabenteuer, die Pferde, Rudi und den geheimnisvollen Tannerschatz zu reden.

Als Miri am nächsten Tag aufwachte, lauschte sie. Vom Wind war nichts mehr zu hören. Allerdings war da ein anderes Geräusch: Neben ihrem linken Ohr brummte es. Miri schlug die Augen auf und drehte sich zur Seite. Auf dem Kopfkissen hatte sich der kleine Kater Rudi eingerollt und schnurrte. Miri kraulte ihn im Nacken, und Rudi streckte zufrieden seine Pfötchen von sich.

Schließlich stand Miri auf und tapste auf Zehenspitzen an Fiona und Jule vorbei, die noch am Boden auf ihren Matratzen schliefen. Sie zog sich an, schlich zum Fenster und blickte hinaus. Gerade ging die Sonne hinter der Scheune auf, und Miri sah, dass sich die ganze Welt in ein Winterwunderland verwandelt hatte. Es würde ein toller Tag werden. Sie konnten am Vormittag in den Wald reiten und die Fotos mit den neuen Halftern machen und danach am kleinen Hügel Schlitten fahren.

Sie öffnete das Fenster, lehnte sich nach draußen und atmete den wunderbaren Geruch von frisch gefallenem Schnee ein. Von hier aus konnte sie den ganzen Hof überblicken. Die Scheune, den Pferdestall und die …

Oh nein, die Reithalle! Das rötliche Licht der Morgensonne fiel nun direkt darauf, und Miri konnte nicht glauben, was sie da sah: Die große Tanne hinter der Reithalle war umgestürzt und in das Dach gekracht!

Miri spürte, dass ihre Hände zitterten. Ihr Herz klopfte ganz schnell.

»Los, ihr müsst aufwachen!«, schrie sie. Sie drehte sich um und sah zu ihren Freundinnen, die verschlafen ihre Augen öffneten. »Die Tanne ist auf die Reithalle gestürzt!«

Bevor Fiona und Jule irgendwelche Fragen stellen konnten, war Miri aus dem Zimmer hinunter in die Küche gerannt. Sie riss die Tür auf, doch heute erwartete sie kein warmer Kakao und kein Papa, der ihr lachend einen »Guten Morgen« wünschte. Die Küche war leer und kalt. Miri lief in den Flur, schlüpfte in ihre Reitstiefel und Jacke und eilte, so schnell sie konnte, nach draußen. Im Hof war niemand zu sehen. Doch im Schnee erkannte sie Fußspuren. Miri folgte ihnen und fand ihre Familie hinter der Reithalle. Mama war kreidebleich, Fiete heulte, und Papa sah fassungslos auf das zerstörte Reithallendach, das von Tannenzweigen und Schnee bedeckt war. Der Wurzelballen der Tanne stand fast senkrecht nach oben. Der Sturm musste so heftig gewesen sein, dass er die Tanne einfach aus der Erde gerissen hatte.

Miri hob einen Strohstern auf, der von der Tanne gefallen war, und versuchte, die zerdrückten Halme wieder zurechtzubiegen. Gestern noch war sie so glücklich gewesen, dass endlich die Adventszeit begonnen hatte, und jetzt war dieses kribbelige Vorweihnachtsgefühl wie weggeblasen.

»Unsere schöne Reithalle«, schluchzte Fiete. »Unser schöner Baum! Alles kaputt!« Er wischte sich sein tränennasses Gesicht am Jackenärmel ab.

»Kann man das Dach denn wieder reparieren?«, fragte Miri.

Herr Tanner legte die Arme um Fietes und Miris Schultern und drückte sie an sich. »Wir müssen jetzt erst mal die Tanne abtransportieren lassen, dann können wir abschätzen, wie groß der Schaden ist. Ich rufe gleich Jochen von der freiwilligen Feuerwehr an. Die helfen uns bestimmt.«

Die Familie Tanner ging zurück ins Haus, wo Jule und Fiona sich gerade im Flur ihre Wintersachen anzogen.

»Was ist denn passiert?«, fragte Jule.

»Der Wind hat die Wurzeln der Tanne aus dem Boden gerissen«, antwortete Miri. »Sie ist einfach umgeknickt wie ein Grashalm. Vom Dach der Reithalle ist nicht mehr viel übrig.

»Das ist ja schrecklich!«, sagte Fiona und presste sich die Hand vor den Mund. »Können wir irgendetwas tun?«

Miri nickte. »Lasst uns zu den Pferden gehen. Ich will mit Odin kuscheln. Das tröstet mich vielleicht ein bisschen.«

Bevor Miri ihre Kuscheleinheiten bekam, mussten ihre Lieblinge erst mal gefüttert werden. Die Pferde warteten schon ungeduldig an den Heuraufen und malmten dann zufrieden ihr Frühstück. Die Arbeit im Stall half

Miri, sich abzulenken. Das beklommene Gefühl, das sich in ihrem Bauch ausgebreitet hatte, wurde etwas kleiner. Nachdem Odin gefressen hatte, ging Miri zu ihm und schlang ihre Arme um seinen Hals. Sie vergrub die Hände in seinem weichen Winterfell. Odin schnaubte und stieß mit seinen Nüstern gegen Miris Schulter. Miri musste lächeln. Egal, wie unglücklich sie war: Mit Odin an ihrer Seite fühlte sie sich wieder gut.

Als Miri, Jule und Fiona zurück in den Hof kamen, sahen sie das Einsatzfahrzeug der freiwilligen Feuerwehr vor der Reithalle. Die Drehleiter war ausgefahren, und in einem Korb aus Metall standen der Feuerwehrmann Jochen und Herr Tanner. Sie zersägten den Tannenstamm mit der Motorsäge in kleine Stücke, die mit einem dumpfen Rumsen in das Innere der Halle fielen.

Aus einigen Metern Entfernung beobachteten Fiete und Frau Tanner das Geschehen. Fietes Nase war immer noch rot vom Weinen, doch seine Traurigkeit war nun der Begeisterung für die Feuerwehr gewichen.

Miri konnte seine Freude nicht teilen. Jetzt, wo die Tanne größtenteils von der Reithalle entfernt worden war, sah man den ganzen Schaden. Die Tanne hatte das Dach eingedrückt und ein klaffendes Loch hinterlassen. Überall lagen Ziegel und gesplittertes Holz. Die Dachrinne war abgebrochen und baumelte an der

Wand herunter. Der Anblick machte Miri einfach nur traurig.

»Die Reithalle ist in einem miserablen Zustand!«, rief Jochen Herrn Tanner zu. »Das Holz ist wirklich morsch. Wenn du mich fragst, muss man das ganze Gebäude abreißen. Ihr habt hoffentlich eine gute Versicherung?«

Herr Tanner nickte und sah seine Frau von der Drehleiter aus besorgt an. »Versichert sind wir. Am besten rufen wir dort gleich mal an. Der Fall muss schnellstmöglich abgewickelt werden, damit wir das Geld für den Wiederaufbau bekommen.«

»Können wir Ihnen vielleicht irgendwie helfen, Frau Tanner?«, fragte Fiona.

Miris Mutter lächelte dankbar. »Das könnt ihr tatsächlich. Wollt ihr heute den Weihnachtsbaumverkauf übernehmen? Bald werden die ersten Kunden auf den Hof kommen!«

Miri drückte die Hand ihrer Mutter. »Klar, das machen wir doch gerne!«

Nach einem schnellen Frühstück machten Miri, Jule und Fiona sich auf den Weg zur Scheune. Als Miri das Tor öffnete, erwartete sie dort allerdings ein ziemliches Chaos. Ihre Eltern hatten die Weihnachtsbäume gestern wohl eilig in die Scheune geräumt, um sie vor dem Sturm in Sicherheit zu bringen. Die Freundinnen trugen sie nach draußen und stellten sie wieder ordentlich auf, sodass die Kunden die Tannen von allen Seiten begutachten konnten.

Schon holperte ein kleiner Lieferwagen auf den Hof, und ein grauhaariger Mann mit einer roten Pudelmütze auf dem Kopf stieg aus. Miri lächelte. Es war der alte Feddersen! Er hatte einen Antiquitätenladen in Weißenfels, wo er antike Möbel, Bücher und Bilder verkaufte.

»Guten Morgen«, sagte er und streichelte Bruno, der ihn neugierig beschnüffelte.

»Hallo, Herr Feddersen«, begrüßte Miri ihn und sah sich suchend um. »Wo ist denn Oskar heute?« Oskar war der Hund des alten Feddersen. Ein flauschiger Bernhardinermischling, der immer mit Bruno spielte, wenn Feddersen auf den Hof kam. Doch heute war von ihm nichts zu sehen.

Feddersen senkte den Kopf. »Oskar geht es leider nicht so gut. Er ist ganz schwach und will nichts fressen. Wenn es ihm morgen nicht besser geht, müssen wir zum Tierarzt gehen.«

»Oh, dann gute Besserung für Oskar«, sagte Fiona. »Vielleicht ist es ja nur eine Magenverstimmung?«

»Ja, hoffentlich!« In Feddersens Stimme lag Zuversicht. »Nun brauche ich aber eure Hilfe. Ich suche einen kleinen Tannenbaum für mein Schaufenster. Langsam muss ich mit dem Dekorieren anfangen, sonst beschweren sich die Nachbarn wieder, dass ich keine Weihnachtsstimmung verbreite.« Er zwinkerte den Mädchen verschmitzt durch seine kreisrunden Brillengläser zu.

Miri sah sich um und deutete auf eine ungefähr einen Meter hohe Tanne. »Wie wäre es mit dieser hier? Ist die klein genug?«

Feddersen nickte. »Genau richtig. Was kostet sie denn?«

»Hm …« Miri suchte die Tanne von allen Seiten ab. Ihr Papa hatte an jedem Baum ein Preisschild befestigt, damit Miri und Fiete ihn beim Verkaufen nicht jedes Mal um Rat fragen mussten. Aber an der kleinen Tanne war kein Preis. Auch an einigen anderen Bäumen fehlten sie. In der gestrigen Hektik mussten sie wohl hinuntergefallen sein.

»Einen Moment bitte«, sagte Miri. »Ich glaube, wir müssen hier mal kurz Ordnung schaffen!«

Rätsel 4

Hilf Miri, Jule und Fiona, die richtigen Preisschilder an den Bäumen zu befestigen. Löse die Rechenaufgaben und verbinde die Bäume mit den Preisschildern.

	$5 \cdot 5 =$	40 €
	$12 + 8 + 10 =$	50 €
	$60 - 15 =$	30 €
	$35 + 20 - 5 =$	35 €
	$4 \cdot 10 =$	45 €
	$3 + 7 + 25 =$	25 €

Kapitel 5

Nachdem Miri, Fiona und Jule alle Preisschilder wieder an den Bäumen befestigt hatten, lief der Verkauf sehr gut. Allerdings hatte Miri das Gefühl, dass einige Kunden nur kamen, um sich die kaputte Reithalle aus der Nähe anzusehen. In einer kleinen Stadt wie Weißenfels machten Neuigkeiten schnell die Runde.

Auch in den nächsten Schultagen musste Miri viele Fragen von neugierigen Klassenkameraden beantworten. Doch auf die meisten hatte sie keine Antwort. Schließlich wussten die Tanners selbst noch nicht, wie es weitergehen sollte.

Als Miri am Mittwoch nach der Schule nach Hause kam, war niemand in der Küche. Ihr Blick fiel auf den Adventskranz, der auf dem Esstisch stand. Sie strich mit den Fingern über die unberührten Kerzen. Den ersten Advent hatten sie in der Aufregung der letzten Tage total vergessen. Von einer magischen Dezemberstimmung war im Hause Tanner nichts zu spüren.

Rudi kam maunzend in die Küche gelaufen und begann, um Miris Beine zu streichen. Miri kniete sich auf den Boden und kraulte ihn. Ihr fiel ein, dass sie nicht daran gedacht hatten, die Weihnachtsbaumkäufer zu fragen, ob jemand einen Kater vermisste. Das würden sie dann wohl bald machen müssen.

In Miris Bauch grummelte es. Sie stand auf und sah sich nach dem Mittagessen um. Einen Topf konnte sie nicht entdecken, dafür lag ein Zettel auf der Arbeitsplatte: »Essen steht im Ofen. Wir sind im Büro bei einer Besprechung. Bitte nicht stören!«

Miri nahm sich einen Teller aus dem Schrank und öffnete den Backofen. Darin war ein lauwarmer Gemüseauflauf. Sie schaufelte sich zwei Kellen auf ihren Teller und aß, ohne darauf zu achten, wie es schmeckte. Mit wem hatten ihre Eltern eine Besprechung? War vielleicht schon dieser Gutachter von der Versicherung da? Miri wusste, dass dieses Treffen wirklich wichtig war. Eine neue Reithalle würde viel Geld kosten. Da Miris Eltern erst im letzten Jahr den Umbau des Offenstalls beendet hatten, war die Tanner-Kasse ziemlich leer.

Als Miri gerade ihren Teller in den Geschirrspüler stellte, hörte sie im Flur Stimmen. Sie ging zur Küchentür und schaute durch den Spalt nach draußen. Ein kleiner, fülliger Mann mit Halbglatze kam aus dem Büro, gefolgt von Miris Vater. »Auf Wiedersehen, Herr Sassenbinder«, sagte Herr Tanner. Seine Stimme klang brüchig.

»Herr Tanner«, der Mann hüstelte verlegen, »es tut mir wirklich leid, dass ich nichts für Sie tun kann. Aber die Sachlage ist eindeutig! Das verstehen Sie doch sicherlich.« Er nahm seinen Mantel von der Garderobe und trat durch die Haustür auf den Hof.

Miris Kopf ratterte wie eine alte Dampflok. Sie hatte so viele Fragen. Was meinte dieser Herr Soßenbinder damit, dass er nichts tun konnte? Warum war die Sachlage eindeutig? Zahlte die Versicherung jetzt für die Reithalle oder nicht?

Sie wollte gerade zu ihren Eltern laufen, als sie aus dem Büro ein Schluchzen hörte. Da weinte jemand. War das ihre Mama? In Miris Brust schnürte sich alles zusammen, und sie blieb wie erstarrt stehen. Wenn ihre Mama weinte, musste etwas wirklich Schlimmes passiert sein. Sie hörte, dass ihr Papa wieder ins Büro ging und sagte: »Ach Simone, wir kriegen das schon irgendwie hin.«

»Wie denn, wenn die Versicherung nicht zahlt?«, fragte Miris Mama und schnäuzte sich. »Wir können es uns nicht leisten, eine neue Reithalle zu bauen, und einen weiteren Kredit bekommen wir bestimmt nicht. Ohne Reithalle werden viele Einsteller und Reitschüler den Hof verlassen. Wo sollen sie jetzt im Winter denn trainieren?«

»Uns wird schon etwas einfallen«, sagte Miris Papa. »Wenn es ganz eng wird mit dem Geld, müssen wir eben ein paar Schulpferde verkaufen.«

Miris Körper durchfuhr ein eiskalter Blitz. Schulpferde verkaufen? Warum sagte ihr Vater so etwas Schreckliches? Elja war ein Schulpferd. Und Odin gehörte zwar Miri, aber streng genommen war auch er ein Schulpferd. Was wäre, wenn es so schlecht um den Hof stünde, dass sie ihre Lieblingspferde abgeben mussten? Miri wollte von all dem nichts mehr hören. Sie stolperte aus der Küche, schnappte sich ihre Wintersachen und lief zur Haustür hinaus.

Dann rannte sie in den Stall und holte Odin vom Paddock. Sie sattelte ihn und ritt los in Richtung Wald. Weg vom Tannenhof und der kaputten Reithalle. Weg von ihren Eltern, die vielleicht Odin und Elja verkaufen würden. Nicht mehr mit Odin zusammen zu sein, war das Allerschlimmste, was sich Miri vorstellen konnte.

Sie ließen den Hof rasch hinter sich. Vor Miri lagen die eingeschneiten Wiesen und Felder. Am Himmel waren nur wenige Wolken zu sehen, und der Schnee glitzerte im Schein der Sonne. Es hätte ein wunderbarer Tag für einen Ausritt sein können, wenn Miri sich nicht so elend gefühlt hätte. Sie galoppierte mit Odin los. Das schnelle Tempo tat ihr gut. Sie wollte einfach nur reiten, den kalten Wind in ihrem Gesicht spüren und an nichts mehr denken.

Erst als das Hexenhäuschen in Sicht kam, ließ Miri Odin in einen leichten Trab fallen.

Das Hexenhäuschen war eine alte Hütte am Wald-

rand, in der die Holzfäller früher ihre Mittagspause verbracht hatten. Da die Hütte nicht mehr gebraucht wurde, durften Miri und ihre Freundinnen sie als Treffpunkt nutzen. Gemeinsam hatten sie das Hexenhäuschen renoviert, geputzt und eingerichtet. Neben einem Tisch und Stühlen gab es noch ein altes Sofa, ein Bücherregal und einen kleinen Holzofen.

Vor dem Hexenhäuschen war ein umzäunter Bereich für die Pferde. Miri brachte Odin dort hinein und rieb ihn mit Stroh trocken. Dann füllte sie Heu in die Raufe und zerbrach die dünne Eisschicht im Wassertrog mit einem Stock.

Als sie die Hütte betrat, knarzten die Dielen unter ihren Füßen. Es roch nach altem Holz und dem Früchtetee, den Miri, Jule und Fiona so gerne tranken. Miri zog ihre Handschuhe aus und legte sie zusammen mit dem Reithelm auf den Tisch. Dann ging sie zum kleinen Holzofen und begann, trockene Äste und Papier darin aufzuschichten. Sie entzündete den Haufen mit einem Streichholz. Sofort begann das Feuer knisternd zu lodern. Miri legte mehrere kleine Holzscheite darauf und schloss die Ofentür. Sie setzte sich auf das Sofa und wickelte sich in eine Decke. Bis der Ofen die Hütte erwärmt hatte, würde es noch eine Weile dauern. Miri schloss die Augen, und sofort drängte sich das Schluchzen ihrer Mama wieder in ihre Gedanken. Ihre Eltern liebten die Pferde genauso sehr wie sie. Wenn Papa daran dachte, sie zu verkaufen, musste es wirklich schlimm um den Tannenhof stehen.

Ein Geräusch vor der Hütte ließ Miri aufschrecken. Wie lange hatte sie hier gesessen? War sie eingeschlafen?

Sie hörte Stimmen, und gleich darauf wurde die Tür geöffnet. Jule und Fiona kamen herein. Natürlich wussten sie, wo Miri war, wenn man sie nicht auf dem Hof antraf.

»Hey!«, begrüßte Jule sie. »Dein Papa hat gesagt, dass du weggeritten bist. Was ist denn los?«

Miri stand auf und öffnete den Ofen. Sie legte ein weiteres Holzscheit auf die Glut und ließ sich wieder auf das Sofa fallen. Dann erzählte sie ihren Freundinnen von dem Gespräch, das sie vorhin mit angehört hatte. Genau wie Miri waren Jule und vor allem Fiona geschockt.

»Aber … Elja kann doch nicht verkauft werden!«, sagte Fiona leise. Aus ihrem Gesicht war alle Farbe gewichen. »Was soll ich denn ohne sie machen?«

Als Miri die Verzweiflung in Fionas Augen sah, wurde sie gleich noch viel trauriger. Sie musste mehrmals schlucken, doch die Tränen ließen sich nicht aufhalten und kullerten über ihre Wangen. Jule, die zwischen Miri und Fiona saß, legte die Arme um ihre Freundinnen. »Die Pferde werden nicht verkauft, okay!

Uns wird schon etwas einfallen, wie wir das verhindern können.«

»Und was?«, fragte Miri und wischte sich mit dem Handrücken die Tränen aus dem Gesicht. »Willst du die Pferde irgendwo verstecken? Das durchschauen meine Eltern sofort.«

Jule schüttelte den Kopf. »Nein, das würde nichts bringen. Wir müssen Geld verdienen für die Pferde. Dann können wir etwas beisteuern für das Futter und die Tierarztkosten.«

»Aber wie sollen wir das machen?«, fragte Fiona.

Jule dachte einen Augenblick nach. »Wie wäre es, wenn wir Plätzchen backen und sie an die Weihnachtsbaumkunden verkaufen?«

Miris Miene hellte sich auf. »Das finde ich gut. Und wir können sofort damit anfangen. Ich bin froh, wenn wir irgendetwas tun können.«

Jule sprang vom Sofa auf: »Dann lasst uns schnell auf den Tannenhof zurückreiten! Auf die Plätzchen, fertig, los!«

Den ganzen Nachmittag hatten Miri, Jule und Fiona in der Tanner-Küche gebacken, die Plätzchen glasiert und mit bunten Zuckerperlen verziert. Anschließend wurden immer zehn Plätzchen in eine Tüte gepackt und mit einer bunten Schleife verschnürt.

Dann hatte Fiona noch eine tolle Idee

gehabt: Da morgen Nikolaus war, bereiteten sie für die Pferde eine kleine Überraschung vor: Kekse aus Haferflocken, Karotten und Äpfeln in Form von Nikolausstiefeln.

Erst am frühen Abend, als Fiona und Jule schon nach Hause gegangen waren, traf Miri wieder auf ihre Eltern. Sie spülte gerade das Nudelholz und die Plätzchenformen ab, als die beiden die Küche betraten.

»Mhmmm … hier riecht es ja lecker. Habt ihr gebacken?«, fragte Herr Tanner und wollte eine Plätzchentüte öffnen.

»Hey, die Plätzchen sind nicht für euch!«, rief Miri. »Die brauchen wir, um Geld zu verdienen.«

Frau Tanner sah Miri verwirrt an. »Warum das denn?«

Miri stellte das Nudelholz in das Abtropfgitter und trocknete sich die Hände an einem Geschirrtuch ab.

»Wir wollen die Plätzchen verkaufen, damit wir Elja und Odin behalten können.«

Frau Tanner atmete tief ein und aus. Dann zog sie Miri sanft am Arm mit sich zum Küchentisch.

»Du hast also heute Mittag gehört, was los ist?«

Miri nickte.

»Dass wir die Pferde verkaufen müssen, ist noch gar nicht sicher. Es ist nur eine letzte Option, falls wir keine andere Lösung finden«, sagte Herr Tanner. »Irgendetwas wird uns schon einfallen. Wir Tanners haben uns noch nie unterkriegen lassen.«

Die Tür ging auf. Fiete kam herein und schnupperte. »Plätzchen! Trinken wir jetzt Punsch und singen Adventslieder?«

Frau Tanner lächelte. »Das machen wir. Den ersten Advent zu feiern, haben wir nämlich ganz vergessen. Das wird uns bestimmt auf andere Gedanken bringen.« Sie sah zu Miri. »Teilst du ein paar Plätzchen mit uns?«

Miri nickte und holte einen Teller aus dem Küchenschrank. Mit jedem Plätzchen, das sie auf den Teller legte, wurde es ihr ein kleines bisschen leichter ums Herz. Vielleicht würde der Weihnachtszauber ja doch noch im Hause Tanner einziehen.

»Habt ihr denn eigentlich schon eure Stiefel geputzt?«, fragte Herr Tanner.

Miri und Fiete sahen sich an und schüttelten die Köpfe. Dafür war noch gar keine Zeit gewesen.

»Na, dann aber mal schnell raus!«, rief Frau Tanner lachend. »Ihr wisst doch: In schmutzige Stiefel steckt der Nikolaus keine Süßigkeiten!«

Rätsel 5

Miri und Fiete putzen ihre Stiefel für den Nikolaustag. Im unteren Bild haben sich allerdings acht Fehler eingeschlichen. Kannst du sie finden?

Kapitel 6

Am nächsten Morgen schlich Miri leise in Fietes Zimmer. Ihr kleiner Bruder war bis zur Nasenspitze zugedeckt und schlief friedlich. Nicht mehr lange, dachte Miri kichernd, und kitzelte Fietes Fußsohle. Das war die Revanche für das unsanfte Wecken am ersten Dezember.

Fiete grummelte und drehte sich zur Seite.

»Heute ist Nikolaus!«, rief Miri und zog seine Bettdecke weg. »Du willst doch wohl nicht, dass ich alleine nach den Stiefeln schaue?«

Fiete setzte sich kerzengerade auf. »Nein, nicht ohne mich zu den Stiefeln gehen!«, sagte er verschlafen und war schon aus seinem Bett gehüpft.

Die beiden liefen die Treppe hinunter, doch diesmal war Miri schneller. Sie öffnete die Haustür einen Spaltbreit und blickte nach draußen.

»Oh, oh, Fiete«, sagte Miri mit besorgtem Tonfall. »Ich glaube, in diesem Jahr hast du deine Stiefel nicht gründlich genug geputzt.«

»Warum, was ist denn los?«, fragte Fiete, der versuchte, sich an Miri vorbeizudrängen.

»Dein Stiefel ist randvoll mit schrumpeligen Kartoffeln!«, sagte Miri. »Sieht nicht gut aus für dich.«

»Was?«, rief Fiete voller Entsetzen. »Aber das kann doch gar nicht sein.«

Miri begann zu lachen. »War nur Spaß!« Sie öffnete die Tür, und Fiete stürmte hinaus. Erleichtert nahm er seinen Stiefel, aus dem Nüsse, Mandarinen und ein Schoko-Nikolaus herausschauten. Auch Miri war nicht leer ausgegangen, und die beiden trugen glücklich ihre Nikolausgeschenke ins Haus.

Leider fand die Schule den Nikolaustag nicht so wichtig, dass der Unterricht ausfiel. Deshalb konnten die Freundinnen den Pferden erst am Nachmittag ihre Überraschung bringen.

»Na, was sagt ihr zu unseren Backkünsten?«, fragte Jule lachend, als sie den Pferden die Kekse zugesteckt hatten.

Odin mampfte zufrieden und stupste Miri an.

»Sieht ganz so aus, als ob hier Nachschub verlangt wird«, sagte Miri und verteilte eine zweite Runde Kekse.

Fiona warf einen Blick zum Stallfenster hinaus. »Wir sollten langsam mal mit dem Plätzchenverkauf beginnen. Da sind gerade einige Weihnachtsbaumkäufer auf den Hof gekommen.«

Jule tätschelte Skottis Hals. »Genug gefuttert, mein Großer. Jetzt kümmern wir uns um die Mission: Rettet die Pferde!«

Schon konnte es losgehen. Vor der Scheune hatten die Freundinnen einen kleinen Stand aufgebaut, den sie mit Lichterketten und Tannenzweigen geschmückt hatten.

Jule rief immer wieder: »Ho, ho, ho! Wer möchte köstliche Weihnachtsplätzchen kaufen? Mit unsren Plätzchen und 'nem Baum, wird jedes Weihnachtsfest ein Traum!« Außerdem hatte sie zwei weitere blinkende Nikolausmützen mitgebracht und darauf bestanden, dass Fiona und Miri sie aufsetzten. »Lichter locken Käufer an«, war ihre feste Überzeugung.

Miri war etwas skeptisch, doch als immer mehr Leute an ihren Stand kamen, Plätzchen kauften und ihnen sagten, wie entzückend sie aussahen, war auch sie überzeugt.

Die Sonne begann gerade hinter dem Tannenhof

unterzugehen, als sie die letzte Plätzchentüte an eine junge Familie verkauften. Miri zählte das Geld und verkündete stolz das Ergebnis.

Jule pfiff durch die Zähne: »Kein schlechter Verdienst.«

Fiona wiegte den Kopf hin und her. »Na ja, du musst aber noch die Zutaten wegrechnen.«

»Stimmt«, sagte Miri. »Und eigentlich sollten wir jetzt gleich wieder backen, wenn wir morgen etwas verkaufen wollen.«

Jule stützte ihren Kopf auf die Hände. »Puh, das ist aufwendiger, als ich gedacht habe. Vielleicht müssen wir uns noch eine andere Möglichkeit zum Geldverdienen überlegen. Wie wäre es, wenn wir als Sternsinger von Haus zu Haus ziehen?«

Miri verzog das Gesicht. Doch bevor sie Jule sagen konnte, dass sich ihre Begeisterung für diese Idee in Grenzen hielt, drang ein lautes Bellen zu ihnen herüber, und Bruno kam schwanzwedelnd angelaufen. Hinter ihm jagte ein oranges Fellbündel her. Miri sah ihre Freundinnen mit gerunzelter Stirn an. »Rudi jagt Bruno?«

»Sieht so aus«, sagte Jule lachend. »Bruno scheint es ziemlich lustig zu finden. Kommt, das will ich mir ansehen!«

Die Mädchen liefen den beiden zur Reithalle nach. Doch Rudi hatte inzwischen die Lust am Fangenspielen verloren und war auf den Traktoranhänger gesprungen. Der stand neben dem Erdloch, das die entwurzelte Tanne hinterlassen hatte. Der kleine Kater leckte sich genüsslich seine Vorderpfote, während Bruno immer wieder an dem Anhänger hochsprang, um seinen Freund zum Weiterspielen zu animieren. Doch Rudi ignorierte ihn einfach.

Miri, Fiona und Jule kicherten. »Armer Bruno!«, sagte Fiona. »Katzen können echt launisch sein!«

Bruno war wohl derselben Meinung, denn er kehrte Rudi den Rücken zu und beschnüffelte den Boden. Beim Loch, in dem ehemals die Tanne gestanden hatte, steckte er seine Schnauze in die Erde, atmete einmal tief ein und begann dann zu buddeln.

»Bruno, lass das!«, rief Miri und wich den Erdklumpen aus.

Sie versuchte, Bruno zur Seite zu schieben, doch er hatte sich bereits etwas aus dem Loch geschnappt, das er nun stolz in seinem Maul hielt.

»Was hast du da?«, fragte Miri und nahm dem enttäuschten Bruno seine Beute ab.

Miri drehte das Ding und betrachtete es von allen Seiten. Es war eine kleine Metallbox. Sie wischte die Erdkrümel vom Deckel und stutzte: In das silbrig schimmernde Metall war das Tannerwappen eingraviert.

Obwohl die Sonne inzwischen untergegangen war, wurde Miri ganz heiß, und ihr Herz begann wild zu klopfen.

Die Tanne war vor ungefähr hundert Jahren angepflanzt worden. Das musste zu der Zeit gewesen sein, als Elise Tanner aus Island zurückgekommen war.

»Fiona, Jule«, flüsterte sie und sah ihre Freundinnen mit glänzenden Augen an. »Ich glaube, Bruno hat den Tannerschatz gefunden!«

Wenig später hatten sich alle im Wohnzimmer versammelt: Familie Tanner, Jule und Fiona. Die Metallbox stand auf dem Couchtisch. Andächtig saßen sie drum herum.

»Wenn Bruno wirklich den Tannerschatz ausgegraben hat, bekommt er ein goldenes Halsband.« Herr Tanner lachte. Seine Aufregung war ihm deutlich anzumerken.

»Das wäre ja schon fast ein Weihnachtswunder. Der Sturm wirft die Tanne um, und darunter befindet sich der Schatz«, sagte Frau Tanner.

»Das könnte aber der Grund sein, warum ihn bisher niemand gefunden hat«, antwortete Miris Papa. »Wer kommt schon auf die Idee, unter Baumwurzeln zu suchen?«

Er nahm die Box in die Hand und schüttelte sie. Aus dem Inneren hörte man ein leises Klappern. »Nach einem ganzen Wikingerschatz hört sich das aber nicht an.«

»Vielleicht ist ja so ein superwertvoller Edelstein drinnen«, überlegte Jule. »Es gibt welche, die mehrere Millionen Euro wert sind. Das habe ich gelesen.«

»Boah!«, sagte Fiete. »Ist Millionen denn viel?«

»Sehr viel!«, antwortete Miri. »Aber das brauchen wir ja gar nicht. Hauptsache, wir können alle Pferde behalten.«

Herr Tanner sah erwartungsvoll in die Runde. »Was meint ihr, soll ich die Kiste aufmachen?«

»Jaaa!«, kam es einstimmig zurück.

Die Box ließ sich problemlos mit einem Schraubenzieher öffnen. Herr Tanner klappte den Deckel auf und stellte sie in die Mitte des Couchtisches. Alle beugten sich darüber. Allerdings gab es nicht besonders viel zu sehen. Bis auf eine dünne Metallplatte war die Kiste leer. Miri holte sie heraus. Sie war fleckig schwarz, ungefähr so groß wie ihre Handfläche und hatte die Form eines Tannenbaums. Miri fuhr mit dem Finger darüber. Alle Zacken waren ganz glatt. Nur die oberste Spitze hatte einige Rillen, die Miri an ihren Haustürschlüssel erinnerten.

Fiona runzelte die Stirn. »Was ist denn das?«

»Jedenfalls kein Diamant!«, sagte Jule enttäuscht.

»Ist es aus Gold?«, fragte Fiete hoffnungsvoll.

Herr Tanner nahm Miri die Metallplatte ab und betrachtete sie mit zusammengekniffenen Augen. »Leider nicht. Gold würde nicht schwarz anlaufen. Dieses Ding ist aus Kupfer und nicht besonders viel wert!« Er seufzte. »Wenn in der Kiste nicht noch ein Geheimversteck ist, war's das leider mit dem Schatz.«

Die Metallkiste wurde reihum gegeben, und jeder tastete sie nach einem doppelten Boden oder einer Geheimkammer ab, aber Perlen, Diamanten und Goldstücke tauchten nicht auf.

»Na ja, das wäre aber auch ein zu großer Zufall gewesen«, sagte Frau Tanner. »Die Tanne zerstört unsere Reithalle, und darunter kommt ein Schatz zum Vorschein? So etwas passiert nur in romantischen Weihnachtsfilmen. Diese Kiste wird vor Jahren mal ein Kind vergraben haben. Unsere Probleme kann sie jedenfalls nicht lösen.«

Herr Tanner warf die Metallplatte zurück in die Box und sagte: »Das kommt ins Altmetall. Und jetzt genug mit den Träumereien. Lasst uns zu Abend essen!«

»Ich will sie aber behalten«, sagte Miri trotzig und drückte die Kiste an sich. Sie war sich so sicher gewesen, dass die Box etwas mit dem Schatz zu tun hatte. Schließlich war das Tannerwappen auf dem Deckel eingraviert. Da musste doch noch mehr dahinterstecken!

Miris Mutter schien die Gedanken ihrer Tochter erraten zu haben. Sie sah Miri ernst an und sagte: »Behalten kannst du die Kiste, aber bitte hör auf, dir Hoffnungen wegen des Schatzes zu machen. Es ist ein Märchen, eine schöne Geschichte. Den Tannerschatz hat es nie gegeben, und ich möchte auch nichts mehr davon hören.«

Später im Bett betrachtete Miri im Schein der Nachttischlampe die Metallplatte auf ihrer Handfläche. Fiona und Jule waren längst abgeholt worden. Die Tanners hatten schweigend zu Abend gegessen. Miri hatte sich an die Anweisung ihrer Mutter gehalten und nicht mehr über die Kiste geredet, aber sie konnte nicht verhindern, dass ihre Gedanken die ganze Zeit um den Schatz kreisten.

Mit den Fingern fuhr sie die Konturen der Zacken nach. Dann kratzte sie mit dem Fingernagel an der schwarzen Oberfläche und stutzte. Für einen kurzen Augenblick hatte sie gedacht, etwas gesehen zu haben. Konnte das möglich sein, oder bildete sie sich das nur ein?

Sie hielt das Metall unter das Licht. Jetzt war es ganz deutlich zu erkennen. Miri keuchte vor Aufregung. Die Metallplatte verbarg ein Geheimnis.

Rätsel 6

Miri hat eine spannende Entdeckung gemacht.
Wenn du die Buchstaben von 1–10 sortierst, erfährst du, was es ist.

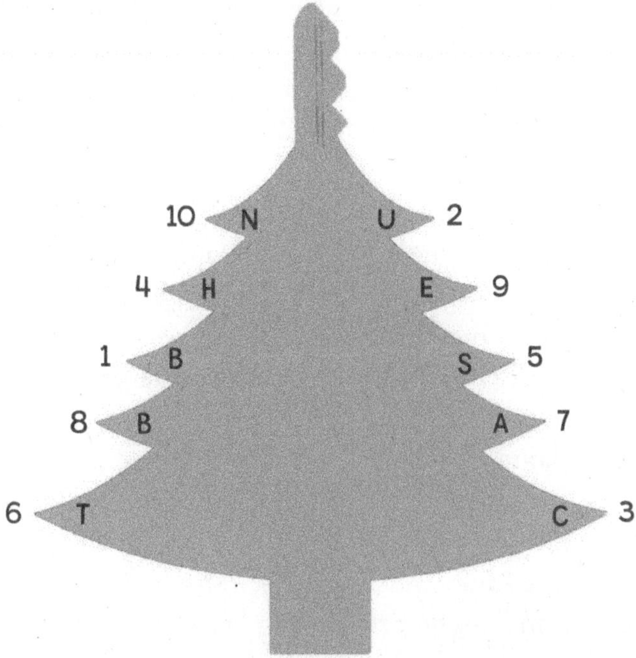

Auf der Metallplatte sind eingeritzte

_ _ _ _ _ _ _ _ _ _

1 2 3 4 5 6 7 8 9 10

Kapitel 1

Auf der Metallplatte waren Buchstaben abgebildet! Miri hatte ein D, ein T und ein B entdecken können. Aber was hatte das zu bedeuten? Standen diese Buchstaben für eine Abkürzung, oder waren sie vielleicht ein Geheimcode?

Bei einem war sich Miri aber ganz sicher: Die Metallplatte konnte kein Spielzeug von irgendeinem Kind sein. Elise Tanner hatte sie als Hinweis zum Schatz versteckt. Ganz bestimmt!

Ihren Eltern würde sie aber nichts davon erzählen. Die Begründungen, warum die Platte *nicht* zum Schatz führen konnte, wollte Miri gar nicht hören.

Die ganze Nacht wälzte sie sich unruhig im Bett herum und grübelte. Irgendwann schlief sie dann doch ein und träumte von einem gefrorenen Fluss. Unter der dicken Eisschicht funkelten Hunderte Goldstücke. Miri versuchte, das Eis mit einem Schraubenzieher zu durchbrechen, doch es gelang ihr nicht. Plötzlich hörte sie ein Donnern. Sie sah auf und erblickte eine Herde Isländer, die auf den Fluss zugaloppierte. Ihre Mähnen wehten im Wind. Der Schnee stob nach allen Seiten davon. Miri war von der Schönheit der Pferde wie verzaubert, doch dann stieg Panik in ihr auf: Unter dem Gewicht der Pferde würde die Eisfläche mit Sicherheit brechen! Bei dem Gedanken, dass sie alle in den eisigen Fluss stürzen könnten, lief Miri ein kalter Schauer über den Rücken. Sie musste die Pferde aufhalten. Wenn es ihr nicht gelang, wären sie alle verloren!

»Miri!!!«

Miri schreckte auf. Sie lag in ihrem Bett und fröstelte. Die Bettdecke war am Boden. Miri musste sie im Schlaf weggestrampelt haben.

»Miri! Aufstehen! Wir haben verschlafen!« Frau Tanner stand im Schlafanzug in der Tür. Unter ihren Augen zeichneten sich dunkle Ringe ab.

»Mach dich rasch fertig. Den Schulbus hast du schon verpasst. Papa fährt dich heute.« Sie strich sich mit einer Hand durch die Haare. »Im Moment geht aber auch wirklich alles schief!«

Um kurz vor acht kam Miri an der Schule an. Sie sprang aus dem Auto und rannte, so schnell sie konnte, in das Schulgebäude. In der ersten Stunde hatte die 6c Physik bei Frau Birkner, die brummte Zuspätkommern immer eine Strafarbeit auf.

Als die Schulglocke läutete, erreichte Miri gerade den Physiksaal. Die meisten Schüler saßen schon auf ihren Plätzen, redeten miteinander, kritzelten etwas in ihre Hefte oder lasen im Schulbuch. Frau Birkner war zum Glück noch nicht da. Dafür stürmten Fiona und Jule auf Miri zu.

»Hey, warum warst du denn nicht im Bus?«, fragte Jule.

»Ich hatte schon Angst, du wärst krank!«, sagte Fiona.

»Wir haben verschlafen!« Miri rang nach Atem. Durch den Sprint war sie ziemlich aus der Puste. »Ich muss euch etwas ganz Wichtiges erzählen. Gestern hab ich noch eine Wahnsinnsentdeckung gemacht. Es geht um den Schatz …«

Hinter Miri fiel die Tür ins Schloss. Frau Birkner war da. Sie stellte ihre Tasche auf das Pult und ließ den Blick über die Klasse schweifen. Konnte sie denn nicht ein Mal unpünktlich sein?

Heute trug sie ein leuchtend blaues Wollkleid und goldene Ohrringe, die bei jeder Bewegung klimperten. Außerdem war sie von einer Wolke schweren, süßlich riechenden Parfüms eingehüllt.

»Miriam! Juliane und Fiona!«, rief Frau Birkner. »Der Unterricht beginnt. Wenn ihr auch so freundlich wärt, euch hinzusetzen.«

Die Freundinnen nahmen ihre Plätze in der vierten Reihe ein. Miri holte ihren Block heraus und legte die Metallplatte darauf. Darunter schrieb sie: *Auf der Platte sind drei Buchstaben!*

Fiona und Jule beugten sich darüber. Dann flüsterte

Jule: »Wahnsinn! Du hast recht! Warum haben wir das gestern nicht bemerkt?«

»Es fällt einem nur auf, wenn man ganz genau hinsieht«, wisperte Fiona.

»Ruhe bitte«, sagte Frau Birkner. »Holt eure Bücher heraus und schlagt Seite fünfzig auf.«

Während Cem etwas über die Wärmelehre aus dem Physikbuch vorlas und Frau Birkner der Klasse immer wieder Fragen stellte, hatten Miri, Fiona und Jule nur Augen für die Metallplatte. Als Frau Birkner ihnen den Rücken zudrehte, um etwas an die Tafel zu schreiben, hielt Fiona sie ins Licht und drehte sie in ihren Händen. Plötzlich sog sie hörbar die Luft ein, stieß Miri mit ihrem Ellbogen in die Rippen und zischte: »Schau doch mal! Ich glaube, da sind noch viel mehr Buchstaben drauf. Man kann sie unter der schwarzen Schicht nur nicht richtig sehen.«

Miri inspizierte die Metallplatte. Das D, das T und das B ergaben alleine keinen Sinn. Wenn auf der Platte aber ein ganzes Wort stand, würde sie das vielleicht direkt zum Tannerschatz führen.

Miri grinste und rief: »Genial, Fiona!«

Frau Birkner drehte sich stirnrunzelnd zur Klasse um. »Miriam, möchtest du auch etwas zum Thema beitragen?«

Miri wurde ganz heiß im Gesicht und las hektisch die Tafelanschrift. »Äh … also … dass Kupfer, Aluminium und Gold so gute Wärmeleiter sind, hatte ich wirklich noch nicht gewusst. Total spannend.«

»Ach tatsächlich?« Frau Birkner verzog spöttisch die Mundwinkel.

»Ja«, sagte Miri und lächelte, denn ihr kam gerade ein guter Einfall. »Wenn Kupfer schwarz angelaufen ist, leitet es dann die Wärme schlechter?«

Frau Birkner sah Miri überrascht an. »Du scheinst dich ja plötzlich wirklich für Physik zu interessieren. Wenn Kupfer anläuft, nennt man das Oxidieren, und es verliert seine Wärmeleitfähigkeit nicht. Manchmal ist eine Oxidation sogar erwünscht, weil sie das Kupfer wie eine Schutzschicht umhüllt.«

»Aha«, sagte Miri. »Und wenn man diese Schutzschicht nicht haben will, wie kann man sie entfernen?«

»Das hat jetzt zwar nichts mehr mit Wärmelehre zu tun«, sagte Frau Birkner, »aber mit einem Gemisch aus Essig und Salz sollte man Kupfer schnell wieder sauber bekommen.«

»Super! Danke!«, sagte Miri, und Frau Birkner wandte sich kopfschüttelnd der Tafel zu.

Jule und Fiona streckten beide den Daumen nach oben. Dank Frau Birkner würden sie dem Rätsel der Metallplatte nun auf die Spur kommen!

In der großen Pause war es dann endlich so weit. Fiona war in die Schulküche gelaufen und hatte sich von der Köchin Salz und Essig besorgt und sogar noch eine grobe Gemüsebürste mitgebracht.

Jetzt waren die Freundinnen in einer wenig besuchten Toilette im vierten Stock und strichen die Metallplatte mit der Essig-Salz-Mischung ein. Ein beißend saurer Geruch breitete sich aus.

»Wie lange muss das einwirken?«, fragte Jule und hüpfte ungeduldig von einem Bein auf das andere, während sie sich die Nase zuhielt.

»Ich weiß nicht.« Miri zuckte mit den Schultern. »Ein bisschen würde ich es schon drauflassen.«

»Kann der Essig das Kupfer auch beschädigen?«, fragte Fiona und verbarg ihr Gesicht in der Armbeuge.

»Okay, vielleicht gehen wir lieber kein Risiko ein«, sagte Miri. Sie ließ Wasser über die Metallplatte laufen und begann sie dann abzubürsten. Die schwarze Schicht löste sich, und darunter kam das rötlich glänzende Kupfer zum Vorschein.

»Es funktioniert!«, flüsterte Jule. »Es funktioniert wirklich! Kann man schon lesen, was da steht?«

Miri spülte die Platte erneut ab und hielt sie dann ins Licht. Ganz deutlich konnte man nun die eingravierten Buchstaben erkennen.

Rätsel 7

Willst du wissen, was auf der Metallplatte steht?
Male alle Kästchen mit den folgende Buchstaben aus:
Ä, Ö, J, M, P, Q, V, X, Y, Z.
Die Buchstaben, die am Ende übrig bleiben, ergeben den Lösungssatz.

Ö	P	X	M	J	Q	Ö	Y	V	P	X	Ä	P	Q	V	M	J	Ä	Y	P
M	Y	P	Ä	Q	Ö	X	J	M	V	Y	Ö	Ä	J	P	M	V	X	Ä	M
X	A	L	S	Ö	Q	D	I	E	V	D	Ü	R	R	E	P	R	I	E	F
P	Ä	X	Y	M	Ä	X	Y	M	J	Q	V	Ä	Ö	Ä	M	Y	P	J	V
Y	W	A	R	P	D	A	S	Ö	W	A	S	S	E	R	Q	T	I	E	F
M	X	Ä	Z	V	Ö	J	Y	Q	X	M	V	P	Q	J	M	Ä	Y	Ö	X
Q	M	Y	P	X	Ä	V	Ö	M	Q	Y	J	Z	Ö	V	Q	J	Z	M	V
U	N	D	M	S	I	E	Q	K	O	N	N	T	E	Z	Y	P	Ä	Ö	X
P	V	Ö	Y	Ä	X	M	Ö	J	Q	V	Ö	Y	M	Ä	V	X	Q	J	P
M	X	Z	Q	P	V	Ä	M	Q	Ö	X	P	V	Z	Q	J	Ä	M	X	J
N	I	C	H	T	M	B	A	N	N	E	N	Z	Ä	Ö	X	Q	Z	V	M
V	Ö	X	Y	J	Q	Z	M	P	X	Ä	Ö	Y	V	Q	J	Ä	V	P	X
X	Ä	J	V	M	Y	J	X	M	V	Ö	Y	Z	Y	M	Ä	M	X	Q	V
Ö	J	D	I	E	Ä	E	R	H	A	B	E	N	E	N	Ö	P	V	X	J
M	Y	Ö	Q	V	X	P	Ö	Ä	J	Q	X	Z	V	Y	V	J	Z	Q	P
X	V	Ä	Ö	Z	M	Y	Z	Q	Ö	X	V	Ä	Y	J	M	Ö	X	V	Ä
X	Ö	M	Y	P	Ä	Q	T	A	N	N	E	N	Ä	Q	Y	P	M	Y	V
P	V	Z	J	Q	Y	Ä	X	P	V	J	M	Q	Y	X	Z	Q	J	V	Ö
Ä	V	P	X	M	Z	J	Q	Ä	X	P	Z	V	Q	J	Ö	M	Ä	P	X
Y	J	Q	M	P	Ö	Ä	V	X	M	Ä	Ö	V	Y	P	Ä	V	X	J	Ä

Kapitel 8

Die Kupferplatte hatte ihr Geheimnis preisgegeben. Miri las noch einmal die Zeilen:

Als die Dürre rief,
war das Wasser tief.
Und sie konnte nicht bannen
die erhabenen Tannen.

Was hatten diese seltsamen Worte zu bedeuten?

Miri und ihre Freundinnen grübelten den ganzen weiteren Schultag, aber die zündende Idee kam einfach nicht.

Sie verabredeten sich für den Nachmittag wieder auf dem Tannenhof, um weiter über die Lösung ihres Rätsels nachzudenken. Zu Hause wartete aber erst einmal ein neues Problem auf Miri.

Sie hatte gerade Hausaufgaben gemacht und wollte einige Blätter im Büro lochen. Ihre Mutter saß am Schreibtisch und starrte auf den Computerbildschirm. Miri sah sich suchend um. »Mama, wo ist denn der Locher?«

»Vielleicht in der Schreibtischschublade«, sagte Frau

Tanner. Sie wirkte abwesend und müde. Miri öffnete die Schublade. Dabei fiel ihr Blick auf den Papierkorb. Darin lag ein großer Stapel mit roten Briefumschlägen. Die Einladungskarten für die Tannenhof-Weihnachtsfeier! Was machten die denn im Müll?

Miri nahm einen Briefumschlag aus dem Papierkorb und sah ihre Mutter verwirrt an. »Warum hast du die denn weggeschmissen? Waren da Rechtschreibfehler drin?«

Frau Tanner rieb sich die Augen, sie wirkte traurig. »Miri, es tut mir wirklich leid. Die Weihnachtsfeier muss in diesem Jahr ausfallen. Das haben Papa und ich heute beschlossen.«

»Aber warum denn?« Miri ließ sich auf den Stuhl neben ihrer Mutter fallen.

Frau Tanner griff nach Miris Hand und drückte sie fest. »Wir haben so viele Sorgen momentan. Da können wir kein Fest planen. Versteh das bitte.«

»Okay«, sagte Miri. In ihr drinnen fühlte es sich an, als würde dort ein eisiger Schneesturm toben. Ihre Eltern waren nur noch traurig und schlecht gelaunt. So kannte Miri sie gar nicht. Wenn Miri noch so klein wie Fiete gewesen wäre, hätte sie heute einen Weihnachtswunschzettel vor das Fenster gehangen. Darauf hätte ein einziger Wunsch gestanden: Der Einsturz des Reithallendaches sollte ungeschehen gemacht werden. Dann wäre alles so wie früher.

Am Nachmittag trafen sich Miri, Jule und Fiona im Stall. Heute wollten sie ihre Pferde ausgiebig putzen und striegeln. Die Mädchen banden Elja, Skotti und Odin vor dem Stall fest und holten ihre Putzkästen aus der Sattelkammer.

»Das haben sie echt nötig!« Jule tätschelte Skottis Rücken, und eine dicke Staubwolke hüllte sie ein. Mit dem Spiralstriegel begann sie, Skottis verkrustetes Fell zu bearbeiten. Skotti genoss die Massage sichtlich: Er hatte den Kopf gesenkt und die Augen halb geschlossen.

»Okay, lasst uns noch mal überlegen, was der Spruch von der Metallplatte bedeuten könnte«, sagte Fiona, die gerade Eljas Hufe auskratzte.

»Ich grübel auch schon die ganze Zeit«, erwiderte Jule. »Aber bisher hatte ich leider noch keine geniale Eingebung.«

»Ich muss noch eine andere Sache mit euch besprechen«, sagte Miri traurig, während sie Odins Mähne kämmte. »Meine Eltern wollen in diesem Jahr keine Weihnachtsfeier machen!«

»Was?«, rief Fiona, und Elja spitzte erstaunt ihre Ohren. »Es gibt doch jedes Jahr eine Tannenhof-Weihnachtsfeier!«

Miri ließ den Kopf hängen. »Ja, ich finde es auch total blöd. Aber Mama sagt, dass sie und Papa keine Zeit dafür haben. Wegen der Reithalle und so.«

Die Mädchen putzten schweigend ihre Pferde weiter. Jede hing ihren Gedanken nach. Jule klopfte den Striegel an der Stallwand ab. Dann sah sie ihre Freundinnen mit gerunzelter Stirn an. »Also eigentlich brauchen wir deine Eltern doch gar nicht, um die Weihnachtsfeier zu organisieren.«

»Hä?« Miri verstand überhaupt nichts.

»*Wir* können doch alles machen!«, sagte Jule triumphierend.

Miri wiegte den Kopf hin und her. »Ich glaube nicht, dass meine Eltern uns das erlauben.«

»Na ja …« Jule grinste verschwörerisch. »Wir müssen ihnen ja nichts davon sagen. Wir überraschen sie einfach.«

Miri überlegte kurz. Dann schlich sich ein Lächeln auf ihr Gesicht. »Ja, warum eigentlich nicht?«

»Finde ich super«, sagte Fiona. »Deine Eltern sind immer so nett und hilfsbereit. Da wäre es doch wirklich toll, wenn wir mal etwas Schönes für sie machen.«

In Miris Bauch kribbelte es, so als würde ein kleiner Funke ihre Hoffnung wieder entzünden. Sie schmiegte sich an Odin und rief: »Die Weihnachtsfeier wird doch stattfinden. Ich freu mich so!«

»Psst«, machte Jule. »Nicht so laut. Da vorne ist deine Mutter!«

Miri blickte auf. Ihre Mama ging gerade mit dem Papierkorb aus dem Büro über den Hof in die Scheune.

Dort standen die Mülltonnen. Als sie mit dem leeren Korb wieder herauskam, winkte Miri ihr zu und wartete ab, bis sie im Haus verschwunden war.

Dann flüsterte sie in Odins Ohr: »Bin gleich wieder da, mein Großer.«

»Wo gehst du hin?«, fragte Fiona.

Miri grinste. »Ich hole unsere Einladungskarten aus der Papiertonne.«

Miri versteckte die Einladungskarten in ihrem Spind. Dann putzten sie weiter die Pferde und beschlossen schließlich, einen Ausritt zu machen. Als sie gerade in der Sattelkammer ihre Sachen holen wollten, hörten sie in der Stallgasse eine Frauenstimme.

»Hmmm ... ja ... Das ist wirklich alles ziemlich blöd!« Miri warf einen Blick nach draußen in die Stallgasse. Dort stand Frau Westermann mit dem Rücken zu ihnen und hielt sich ihr Handy ans Ohr. »Du hast ja recht, aber so geht es einfach nicht weiter. Ich werde mal im Gestüt Mähnenwind fragen, ob ich Prinzessa dort einstellen kann. Auf dem Tannenhof kann sie unmöglich bleiben.«

Miri ballte ihre Hände zu Fäusten. War ja klar, dass Frau Westermann die Erste sein würde, die den Tannenhof verließ. Viele der anderen Einsteller hatten ihren Eltern schon zugesichert, dass sie bleiben würden, auch wenn die Zukunft der Reithalle ungewiss war.

Aber Frau Westermann ließ die Tanners natürlich sofort im Stich, wenn es mal ein paar kleine Probleme gab. Arrogante Kuh! Sollte sie doch gehen. So jemanden brauchten sie hier auf dem Tannenhof nicht!

Kurze Zeit später ritten Miri, Jule und Fiona über den verschneiten Waldweg. Den Ärger auf Frau Westermann hatte Miri heruntergeschluckt. Sie wollte sich lieber auf die Planung der Weihnachtsfeier konzentrieren.

»Wo soll die Feier eigentlich stattfinden?«, fragte Jule und rückte ihre Reitkappe zurecht.

»Der Hof fällt flach«, sagte Fiona. »Sonst können wir die Feier nicht unbemerkt vorbereiten.«

Miri überlegte. »Stimmt, aber trotzdem müssen alle Gäste den Ort gut erreichen können. Wie wäre es mit der Tannenbaumplantage im Wald? Dort führt ein breiter Weg hin, es gibt eine freie Lichtung. Wenn wir die Tannen ringsherum mit Lichterketten schmücken, macht das eine richtig schöne Weihnachtsstimmung.«

»Perfekt!«, rief Jule, und auch Skotti schnaubte zustimmend.

»Was brauchen wir denn eigentlich alles?« Miri sah ihre Freundinnen fragend an. »Ich hab noch nie alleine eine Weihnachtsfeier organisiert.«

»Ich auch nicht«, sagte Fiona. »Aber das schaffen wir schon. Am besten machen wir eine Liste für die Planung. Reiten wir zum Hexenhäuschen? Bei einer Tasse heißem Früchtetee kann man doch gleich viel besser nachdenken.«

Rätsel 8

Hilf den Freundinnen, die Weihnachtsfeier zu planen, und suche im Buchstabengitter die unten stehenden Wörter (von links nach rechts und von oben nach unten). Male die Wörter mit einem Buntstift an.

A R
M P B T
P K H D N E
Z Y M E Q I Ä Ö
D A S Ö T A S S E N
V Ö S Y Q C M B P K J M
P X L E B K U C H E N V Q J
D M G U F Q K M N L T E Z P P Ä
W E I H N A C H T S S C H M U C K B
X Z Q P V Ä M Q U X I A Z Q N Ä M X
B U C D T M L E T E L L E R Ö S Q Z I A
V Ö X Y J Q Z M P N Ä Ü E V B C Ä V P D
S E R V I E T T E N Y M H M
D O E Ä E R H A B R T E P Ö P V
U C A T R L I C H T E R K E T T E N
P H Ä Ö G M Y Z Q Ö X V H Y J M Ö X V I
X Ö M Y P Ä Q Ü E U N X F A C K E L N V
X P V J M
B Ä X P Z
V X M Ä Ö

Servietten
Lichterketten
Fackeln
Weihnachtsschmuck
Teller
Tassen
Punsch
Lebkuchen

Kapitel 9

Am nächsten Tag stürzten sich Miri, Jule und Fiona mit Feuereifer in die Vorbereitungen.

Miri hatte ein Schild mit der Aufschrift *Weihnachtsgeheimnisse – Bitte nicht stören* an ihre Zimmertür gehängt. Fiete steckte trotzdem seinen Kopf herein. »Was macht ihr denn?«, fragte er neugierig und versuchte, einen Blick auf die Einladungskarten zu erhaschen, über die Jule schnell eine Decke warf.

Miri ging zur Tür und schob Fiete wieder nach draußen. »Das können wir dir leider nicht verraten.«

Fiete machte einen Schmollmund. »Ihr seid echt doof.« Miri stupste ihrem Bruder mit dem Finger auf die Nasenspitze. »Ich verspreche dir, dass es eine ganz tolle Überraschung werden wird. Du musst dich nur noch ein bisschen gedulden!«

Fiete stapfte davon und murmelte, dass er nun auch etwas ganz Geheimes in seinem Zimmer machen würde und Miri ihn auf keinen Fall stören durfte. Miri lächelte. Fiete konnte manchmal echt nerven, aber niedlich war er dabei trotzdem immer.

Da hörte sie ein sanftes Tapsen auf der Treppe. Es war Rudi. Er miaute leise und lief in Miris Zimmer.

Miri nahm ihn auf den Arm, um ihn zu streicheln, und Rudi bedankte sich mit einem Schnurren dafür. Die Vorstellung, den kleinen Kater mit dem roten Tigerfell wieder hergeben zu müssen, fand Miri sehr traurig. Aber ihn einfach zu behalten, wäre auch gemein gewesen. Bestimmt machte sich sein Besitzer schon Sorgen um ihn. Wäre Odin verschwunden, würde Miri alles dafür tun, um ihn wiederzubekommen.

Miri seufzte und wandte sich an Fiona und Jule. »Sollen wir heute vielleicht ein paar Flyer wegen Rudi aufhängen?«

»Ich hab noch eine bessere Idee«, sagte Fiona. »Wenn wir den Gästen die Einladungen persönlich überreichen, können wir jedem erklären, dass es eine Überraschungsfeier wird, und nachfragen, ob jemand Rudi vermisst.«

Miri nickte und vergrub ihre Nase im weichen Fell des Katers. Es roch nach Heu. Bestimmt hatte er vorhin im Stall geschlafen. Sie würde ihn so vermissen, wenn er nicht mehr bei ihr wäre.

Nachdem alle Umschläge mit Namen beschriftet waren, packte Miri sie in ihren Schulrucksack, und die Mädchen machten sich mit ihren Pferden auf den Weg, um sie zu verteilen. Einige Leute trafen sie auf dem Tannenhof an, andere mussten die Freundinnen in Weißenfels besuchen.

»Das ist ja eine wirklich schöne Idee«, sagte Jochen von der freiwilligen Feuerwehr, der am Dach des Feuerwehrhauses gerade eine Lichterkette befestigte. »Dabei unterstützen wir euch gerne. Wie wäre es, wenn die freiwillige Feuerwehr Punsch und Bratwurstbrötchen organisiert?«

»Super wäre das!«, rief Miri.

»Wissen Sie vielleicht, ob jemand einen Kater vermisst?«, fragte Fiona. »Er hat ein orangefarbenes Tigerfell und ist erst einige Monate alt. Wir haben ihn im Tannerwald gefunden.«

Jochen schüttelte den Kopf. »Nein, bisher nicht. Aber ich kann mich gerne umhören.«

Als die Sonne tief am Himmel stand, hatten sie fast alle Einladungen verteilt. Miri zog den letzten Umschlag aus ihrem Rucksack.

»Für wen ist die?«, fragte Jule.

Miri las den Namen und zog die Mundwinkel nach unten. »Eigentlich für Frau Westermann. Ich will aber gar nicht, dass die kommt. Sie wird mit Prinzessa doch sowieso den Tannenhof verlassen. Soll sie doch im Gestüt Mähnenwind auf die Weihnachtsfeier gehen.« Miri schob Frau Westermanns Einladung wieder tief in ihren Rucksack. »Kommt, reiten wir nach Hause!«

Die Mädchen trabten hintereinander über einen Feldweg, der von Weißenfels zum Tannenhof führte.

Der Himmel war mit rosafarbenen Sprenkeln durchzogen, und in der Ferne sah man die verschneiten Wipfel des Tannerwaldes. Es war eisig kalt. Heute Nacht würden die Temperaturen laut Wetterbericht auf minus fünf Grad fallen. Miri schlang sich ihren Schal noch etwas enger um den Hals, sie freute sich schon auf eine heiße Schokolade. Ihre Gedanken wanderten wieder zur Weihnachtsfeier. In den letzten beiden Tagen hatten sie richtig viel geschafft. Auch wenn Miri ihren Eltern die Geldsorgen nicht abnehmen konnte, würden sie diese hoffentlich für einen Moment vergessen können. Außer ... Über Miris Gesicht huschte ein Lächeln. Außer, Miri und ihre Freundinnen würden bis dahin den Tannerschatz finden. Dafür mussten sie allerdings erst dieses blöde Rätsel lösen. Elise Tanner hätte es ruhig ein bisschen einfacher machen können!

Den restlichen Weg grübelte Miri, und beim Absatteln im Stall murmelte sie schließlich: »Als die Dürre rief, war das Wasser tief, und sie konnte nicht bannen die erhabenen Tannen.« Sie seufzte. »Im ganzen Wald gibt es erhabene Tannen. Wie sollen wir denn nur herausfinden, was das bedeuten soll?«

»Vielleicht müssen wir uns eher auf das tiefe Wasser konzentrieren«, überlegte Jule, während sie Skotti mit Stroh abrieb. »Damit könnte der Fuchsweiher gemeint sein oder der Blaulitzer See? Die sind beide in der Nähe.«

»Wäre möglich«, sagte Fiona. »Aber in dem Spruch ist ja auch noch von einer Dürre die Rede.« Sie nahm Elja die Trense ab. »Wenn die Trockenheit ganz Weißenfels betroffen hat, könnte es doch sein, dass darüber etwas in Geschichtsbüchern steht?«

»Na klar!«, rief Miri. »Dass wir da noch nicht gleich drauf gekommen sind. Wir müssen Bücher über die Geschichte von Weißenfels suchen.«

»Sollen wir am Montag in der Schulbücherei nachsehen?«, fragte Jule.

»Oder im Internet?«, fügte Fiona hinzu.

Miri schüttelte den Kopf. »Ich muss immer fragen,

wenn ich ins Internet will. Was soll ich meinen Eltern sagen, was ich dort suche? In unserer Hausbibliothek haben wir so viele Bücher. Da gibt es bestimmt auch etwas über Weißenfels!«

Die Freundinnen beeilten sich, ihre Pferde zu versorgen, und liefen schließlich in die Hausbibliothek der Tanners. Miri machte dort am Schreibtisch oft ihre Hausaufgaben. Sie hatte das Gefühl, dass das Wissen der Bücher in der Luft schwebte und sie deswegen viel besser lernen konnte.

An den Wänden standen Regale, die bis unter die Decke reichten. An die obersten Fächer kam man nur mit einer Holzleiter. Es gab einen offenen Kamin, der aber nicht mehr genutzt wurde. Miris Papa war der Meinung, dass Feuer und Bücher keine gute Kombination waren.

Darüber hing das Gemälde eines Isländers, der im Sprung einen reißenden Bach überquerte. Als kleines Mädchen war Miri oft in der Bibliothek gewesen und hatte den Isländer mit seiner wehenden Mähne bewundert und davon geträumt, mit ihm über die Wiesen zu galoppieren. Nichts hatte sie sich damals sehnlicher gewünscht, als ein eigenes Pferd zu bekommen, für das sie ganz alleine verantwortlich war und das sie mit niemandem teilen musste. Und dann hatten Miris Eltern ihr vor drei Jahren Odin zum Geburtstag geschenkt.

Sie lächelte und strich gedankenverloren über die

Lehne eines abgewetzten Ledersessels. Manchmal wurden Träume wahr, und daran erinnerte sie das Bild immer, wenn sie es ansah.

»Okay, dann lasst uns mal loslegen!«, sagte Jule und rieb ihre Hände aneinander.

Fiona wanderte an der Regalwand entlang. »Sind die Bücher nach einem bestimmten System geordnet?«

»Äh … ich glaub eher nicht«, antwortete Miri. Sie ging zu einem Regal, das direkt neben der Tür stand, und zog ein Buch mit dem Titel »*Die Geschichte der Isländer*« heraus. »Hier sind Bücher über Pferde. Die brauchen wir am häufigsten.«

Sie ließ ihren Blick durch die Bibliothek schweifen. Im Regal rechts davon standen nebeneinander ein Krimi, ein Kochbuch über die italienische Küche und ein bebildertes Märchenbuch.

Miri grinste schief. »Da müssen wir wohl ein bisschen länger suchen.«

Rätsel 9

Hilf den Mädchen, die Bücher über die Geschichte von Weißenfels zu finden, und male sie an.

Die Bücher tragen folgende Titel:

- Die Geschichte von Weißenfels
- Burg Weißenfels vom Mittelalter bis heute
- Weißenfels im Wandel der Zeit

Kapitel 10

Endlich hatten die Mädchen drei Bücher über die Weißenfelser Geschichte gefunden. Sie machten es sich auf den Ledersesseln gemütlich und durchforsteten die Seiten nach Hinweisen auf eine große Dürre.

Als die alte Standuhr in der Ecke sieben Mal gongte, sah Miri aus dem Fenster. Draußen war es inzwischen stockdunkel geworden.

Jule sah von ihrem Buch auf.

»Ich muss bald nach Hause. Wenn ich wieder zu spät zum Abendessen komme, kriegt mein Papa die Krise! Habt ihr irgendetwas entdeckt?«

Fiona schüttelte den Kopf. »Gar nichts! In den Fünfzigerjahren gab es wohl mal eine schlimme Überschwemmung, aber das ist ja leider das genaue Gegenteil von einer Dürre.«

Miri starrte missmutig auf das Gemälde des springenden Isländers. »Die Dürre war offensichtlich nicht so schlimm, dass ein Geschichtsschreiber es für nötig gehalten hätte, etwas darüber aufzuschreiben.«

Jule stand auf und drückte sich ihr Buch an die Brust. »Wir können ja zu Hause noch weiterlesen.«

Auch Fiona erhob sich. »Genau, und dann treffen

wir uns am Vormittag wieder auf dem Tannenhof. Zum Glück ist Wochenende!«

Abends lag Miri in eine Decke gewickelt auf dem Sofa im Wohnzimmer und las in dem Buch mit dem Titel *Weißenfels – vom Mittelalter bis heute*.

Rudi und Bruno hatten es sich aneinandergekuschelt in Brunos Körbchen gemütlich gemacht. Dass sich die beiden so angefreundet hatten, war wirklich süß. Fiete spielte am Couchtisch mit seinen Dinosaurierfiguren und knurrte immer wieder Furcht einflößend.

Die Tür öffnete sich, und Miris Papa kam herein. Er setzte sich zu Miri auf die Couch und betrachtete ihr Buch. »Oh, ein interessanter Lesestoff. Behandelt ihr das gerade in der Schule?«

»Äh … ja …«, schwindelte Miri und steckte ihre Nase noch etwas tiefer in das Buch, damit ihr Papa nicht sehen konnte, dass sich ihre Wangen rosa färbten.

»Ich war in meiner Jugend auch sehr geschichtsinteressiert«, sagte Miris Papa. In seinem Blick lag etwas Schwärmerisches. »Damals haben Archäologen in Weißenfels Ausgrabungen gemacht, und ich durfte in den Ferien mithelfen. In der Antike gab es hier nämlich eine Römersiedlung. Damals hieß der Ort *Petra Alba*. Ich habe davon geträumt, etwas Spektakuläres zu entdecken und in die Geschichte einzugehen.« Er lachte. »Aber bis auf ein paar Tonscherben wurde leider nichts gefunden. Na ja, das ist auch nicht schlimm. Schließlich haben wir ja unsere wunderschöne und gut erhaltene Burg Weißenfels.«

Miri hatte ihrem Papa aufmerksam zugehört. Er schien sich mit Geschichte gut auszukennen. Sollte sie ihn wegen des Rätsels fragen? Sie strich sich eine Haarsträhne aus dem Gesicht und sagte dann so beiläufig wie möglich: »Weißt du etwas von einer Dürre hier in der Umgebung? So in den letzten hundert Jahren?«

Herr Tanner runzelte nachdenklich die Stirn. »Hm … davon ist mir nichts bekannt. Vielleicht findest du in der Tanner-Chronik etwas darüber.«

»Tanner-Chronik?« Miri sah ihren Papa fragend an.

»Ja, deine Vorfahren haben alles Wichtige in einer Art Tagebuch festgehalten.«

Auf Miris Haut kribbelte es. Ein Tagebuch der Tanners! Das war genau das, was sie brauchte. Sie warf das Geschichtsbuch auf den Tisch und sprang auf. »Wo ist dieses Tagebuch?«

Herr Tanner schmunzelte. »Du bist wohl mit dem Geschichtsfieber infiziert worden? So kenne ich dich ja gar nicht. Das Tagebuch müsste in der Bibliothek im großen Wandschrank liegen.«

Miri lief zur Tür, doch bevor sie draußen war, rief Herr Tanner ihr noch hinterher: »Morgen Abend wollen wir zum mittelalterlichen Weihnachtsmarkt auf die Burg gehen. Möchtest du mitkommen?«

Miri drehte sich noch einmal um. »Klar! Dürfen Jule und Fiona auch mit?«

Herr Tanner zwinkerte Miri zu. »Schon eingeplant. Eigentlich hab ich ja drei Töchter und nicht nur eine.«

Miri lief nach oben in die Bibliothek und riss den Wandschrank auf. Ihr fielen abgebrannte Kerzenstumpen und ein Wecker entgegen. Sie seufzte. In ihrer Familie wurde wirklich zu viel alter Krempel gehortet. Sorgfältig durchstöberte sie den ganzen Schrank, bis sie

schließlich in einer Schublade fündig wurde. Darin lag ein wirklich uralt aussehendes Buch, das in einen dunkelgrünen Ledereinband gebunden war. Vorne drauf war eine goldene Bordüre, und in der Mitte stand in verschlungenen Buchstaben: *Tanner*.

Miri trug die schwere Chronik auf den Schreibtisch und schlug die erste Seite auf. Ein muffiger Geruch stieg ihr in die Nase. Das Papier war vergilbt und fühlte sich rau unter ihren Fingern an.

Auf der ersten Doppelseite war ein Stammbaum zu sehen. Überall waren Namen aufgelistet, die Miri noch nie gehört hatte. Sie suchte alle Äste ab und fand schließlich Elise und Kasimir Tanner – ihre Urururgroßeltern. Die drei Kinder der beiden – Albert, Ludwig und Martha – standen darunter. Miri wusste, dass der Hof an Martha vererbt worden war, die Urgroßmutter ihrer Mama.

Miri blätterte weiter und seufzte. Die ganze Chronik war in einer verschnörkelten Schrift verfasst worden, die Miri kaum lesen konnte. Teilweise war die Tinte schon ganz ausgeblichen, und es war wirklich schwer, etwas zu erkennen. Das ganze Buch zu entziffern würde wahrscheinlich Monate dauern.

Miri klappte das Buch zu. Vielleicht konnten Jule und Fiona mehr damit anfangen. Als sie gerade aufstehen wollte, bemerkte sie, dass etwas aus dem Buch herausgefallen war: ein zusammengefaltetes Stück Papier.

Vorsichtig öffnete Miri es und blickte auf eine handgezeichnete Karte.

Es dauerte einen Moment, bis Miri erkannte, dass darauf die Umgebung um den Tannenhof herum abgebildet war. Vieles sah ganz anders aus als heute. Der Tannenhof war um einiges kleiner. Es gab nur das Wohngebäude und einen Stall. Der Wald erstreckte sich dafür auf einer riesigen Fläche und grenzte direkt an den Hof.

Miri suchte das Hexenhäuschen auf der Karte, aber sie konnte es nicht finden. Wahrscheinlich war es erst viel später gebaut worden. Doch ganz in der Nähe entdeckte sie etwas anderes. »Als die Dürre rief, war das Wasser tief, und sie konnte nicht bannen die erhabenen Tannen«, flüsterte Miri und tippte mit dem Finger auf die Karte. War dieser Ort vielleicht die Lösung zu Elises Rätsel?

Rätsel 10

Was hat Miri auf der Karte entdeckt? Nimm dir einen Stift und ein Lineal:

* Verbinde den Tannenhof und die Burg Weißenfels mit einem Strich.
* Verbinde die St. Johannes Kirche und den Lichtenberg mit einem Strich.
* Verbinde den Tannenhof und den Lichtenberg mit einem Strich.
* Verbinde die St. Johannes Kirche und die Burg Weißenfels mit einem Strich.
* Was liegt genau in der Mitte von diesen vier Orten? Kreise ein!

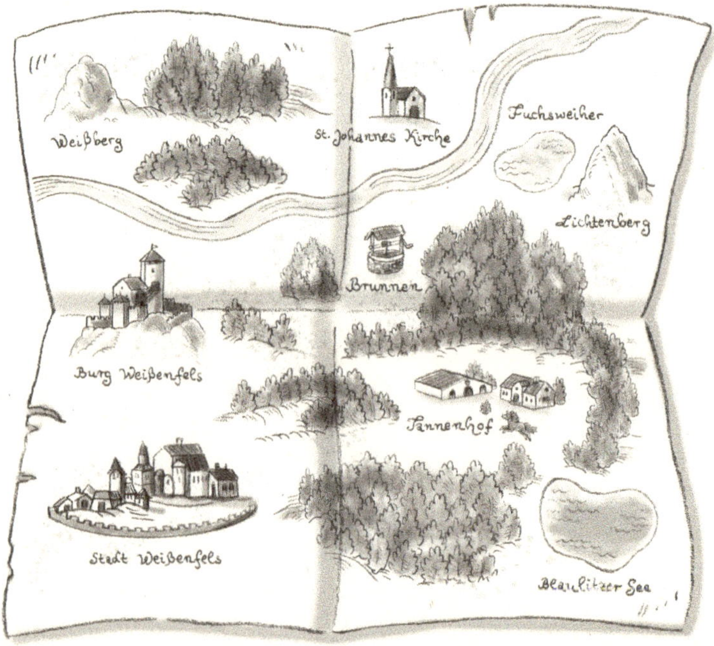

Kapitel 11

Ein Brunnen im Wald. In Miris Kopf drehte sich alles. Gestern hatte Jule gesagt, dass sie sich auf das tiefe Wasser in dem Spruch konzentrieren sollten. Der Fuchsweiher oder der Blaulitzer See waren nicht besonders tief, aber ein Brunnen, der bis zum Grundwasser in die Erde gegraben war, auf jeden Fall!

Doch wo befand sich dieser Brunnen? Miri hatte im Tannerwald noch nie einen gesehen. Und in welcher Verbindung stand er mit der Dürre? Hatte sein Wasser die Tannenbaumplantage in einer Trockenzeit vor dem Verdorren bewahrt? Ob das wirklich stimmte, würde sie erst mal nicht herausfinden können, aber vielleicht spielte es auch keine Rolle.

Sie hatte das Geheimnis von Elise Tanners Metallscheibe entschlüsselt. Da war sie sich ganz sicher. Das musste sie sofort Fiona und Jule erzählen! Miri lief nach unten und öffnete die Bürotür, doch leider saß ihre Mutter wieder am PC. Von abendlichen Telefonaten hielt sie gar nichts. Sie war der Meinung, dass Miri ihre Freundinnen doch sowieso den ganzen Tag sah und sie den Johannsons und Seiberts auch mal ein bisschen Familienzeit gönnen sollte. Ein eigenes Handy hatte Miri noch nicht. Somit musste sie wohl oder übel bis zum nächsten Tag warten. Sie wünschte ihrer Mutter eine gute Nacht und ging ins Bett.

Miri war sich sicher, dass sie kein Auge zumachen würde. Am liebsten wäre sie sofort losgeritten, um den Brunnen im Wald zu suchen, aber sie sah ein, dass das in der Dunkelheit keinen Sinn machen würde. Und ehrlich gesagt war der Gedanke daran auch ein kleines bisschen unheimlich.

Als Miri aufwachte, war sie überrascht, doch geschlafen zu haben. Die Sonne war gerade erst aufgegangen. Es würde noch dauern, bis Jule und Fiona auf den Hof kamen. So lange konnte Miri einfach nicht warten! Sie sprang aus dem Bett, zog sich an, frühstückte im Stehen ein halbes Brötchen und trank ein Glas Apfelsaft.

Allerdings kamen ihr nun Zweifel. Würden ihre Freundinnen sauer sein, wenn sie einfach ohne sie loszog? Doch Miri wollte den Brunnen ja nur suchen. Die Schatztruhe könnten sie auf jeden Fall zusammen öffnen. Nur, wie sollten die beiden wissen, wo Miri war? Sie hatte ihnen ja bisher noch gar nichts von ihrer Entdeckung erzählen können.

Auch hierfür fiel Miri eine Lösung ein. Sie würde Jule und Fiona eine Nachricht schreiben und den Zettel bei den Pferden verstecken. Miri nahm sich Papier und einen Stift aus der Küchenschublade. Dann schrieb sie: *Rätsel gelöst! TS ist bei einem Brunnen im Wald, hinter dem Hexenhäuschen. Treffen uns dort – bin schon vorgeritten.* Darunter malte Miri so gut wie möglich die Karte ab, die sie in der Tanner-Chronik entdeckt hatte.

Im Stall überlegte Miri, ob sie Skotti oder Elja als Boten benutzen sollte, und entschied sich für Elja. Skotti schubberte sich gerne an der Boxenwand oder wälzte sich draußen im Matsch, das war Miri zu unsicher. Sie band den Zettel mit einer Schnur an Eljas Weihnachtshalfter und legte es der Stute an. Fiona würde sich bestimmt wundern, warum Elja das Halfter schon trug, und den Zettel schnell entdecken.

Dann sattelte Miri Odin, sagte ihrer Mutter, die gerade die Pferde fütterte, dass sie ausreiten wollte, und trabte los.

Die Luft war klirrend kalt, und es hatte leicht zu schneien begonnen. Doch Miri merkte es kaum. Sie dachte nur an den Tannerschatz, den sie schon bald in ihren Händen halten würde.

Beim Hexenhäuschen angekommen, studierte Miri die Karte. Ab hier ging es ins Unterholz. Dieser Teil des Tannerwaldes wurde von Miris Eltern nicht bewirtschaftet. Herr Tanner hatte Miri erklärt, wie wichtig es für den Wald war, dass alte Bäume nicht abtransportiert wurden. Sie blieben als Totholz liegen, dienten Insekten als Lebensraum und waren der Nährboden für neue

Pflanzen. Miri fand das wirklich gut, denn für sie war die Natur am schönsten, wenn sie wild und unberührt war. Der Nachteil dabei war allerdings, dass hier kein Weg in den Wald führte und sich Miri und Odin durch das dichte Geäst der Bäume kämpfen mussten.

Sie kamen nur langsam voran. Immer wieder peitschten Miri verschneite Zweige ins Gesicht. Der Schnee fiel ihr in den Kragen, wo er schmolz und kalte Nässe hinterließ.

»Was meinst du? Sind wir hier denn noch richtig?«, fragte Miri und tätschelte Odins Hals. Alles um sie herum sah gleich aus: eingeschneite Bäume, heruntergefallene Äste und vereiste Felsen.

Sie warf noch mal einen Blick auf die Karte. Eigentlich musste der Brunnen ganz in der Nähe sein. Aber warum tauchte er dann nicht auf?

Plötzlich kam Miri ein Gedanke, der sie frösteln ließ. Vielleicht gab es den Brunnen gar nicht mehr? Er konnte eingestürzt, zugeschüttet, abgerissen, vom Erdboden verschluckt und unauffindbar sein. Miri zog sich den Reithelm vom Kopf und schüttelte den Schnee ab. Keine Panik, dachte sie. Selbst wenn der Brunnen eingestürzt war, musste man ja zumindest noch ein paar Überreste davon finden.

Erst jetzt bemerkte sie, dass Odin stehen geblieben war.

Miri sah sich um, und ihr Herz begann wie wild zu

klopfen. Sie war so in Gedanken gewesen, dass sie ihn gar nicht gesehen hatte: Direkt vor ihr war der Brunnen. Eingewachsen von kahlen Bäumen, Efeu und Himbeerranken.

»Wir haben es geschafft, Odin!«, jubelte Miri und sprang aus dem Sattel. Sie drückte ihrem Pferd einen Kuss auf die weichen Nüstern und ging langsam zum Brunnen.

Er war aus groben Steinen gemauert und reichte Miri gerade mal bis zu den Knien. Eine Vorrichtung, um einen Eimer hinunterzulassen, gab es nicht. Die war wahrscheinlich schon längst in sich zusammengefallen und vermodert. Miri suchte die Steine ab. Vielleicht war dort irgendein Hinweis auf den Schatz zu finden? Ein Pfeil, wo sie graben musste, oder eine versteckte Klappe, hinter der sich der Schatz verbarg? Nichts.

Miri beugte sich über den Brunnenrand und blickte in ein düsteres Loch, das ungefähr drei Meter in die Tiefe reichte. Am Grund konnte Miri statt Wasser Laub und Schnee erkennen. Der Brunnen war also ausgetrocknet. Und noch etwas entdeckte sie: An der Innenwand des Brunnens war eine rostige Metallleiter befestigt. In Miris Bauch begann es zu flattern. Sollte sie es wagen, daran hinabzusteigen? Miri rüttelte an der Leiter, die ganz stabil wirkte. Sie wandte sich an Odin und sagte: »Ich klettere nur kurz rein und schau mir das

Innere vom Brunnen an. Dann komm ich wieder hoch, und wir warten auf Fiona und Jule, okay?«

Odin sah Miri wachsam an. Ob er ihren Alleingang guthieß, konnte sie an seinem Blick nicht erkennen. Doch Miri war sicher, dass er genau ihrer Meinung war.

Sie setzte sich auf den eingeschneiten Brunnenrand. Dann griff sie nach der obersten Sprosse, die ziemlich vereist war. Sie zog sich auf die Leiter. Die gab ein leichtes Knirschen von sich. Miri atmete einmal tief durch und wagte sich erst eine und dann noch eine weitere Sprosse hinab. Als sie einen Blick nach unten warf, merkte sie, dass die Leiter nicht bis zum Boden reichte. Ungefähr bei der Hälfte des Brunnens war Schluss. Miri sah sich um. Jetzt war ihr doch etwas mulmig zumute. Sie hing an einer alten, rostigen Leiter in einem muffigen, engen Brunnen. Es war besser, wenn sie wieder nach oben kletterte.

Doch als sie sich an der Sprosse nach oben ziehen wollte, passierte es: Miri rutschte mit dem Fuß von der untersten Sprosse ab und verlor den Halt. Mit einem Schrei fiel sie in die Tiefe. Das war's jetzt, dachte Miri und landete im selben Moment überraschend weich am Boden des Brunnens. Das Laub und der Schnee hatten ihren Sturz abgefedert.

Miri wackelte mit den Beinen. Alles schien heil geblieben zu sein. Da hatte sie noch mal richtig Glück gehabt! Sie stand auf und sah sich um. Hier unten wirkte

der Brunnen noch viel schmaler als von oben. Auch der modrige Geruch war intensiver. Ein beklommenes Gefühl stieg in ihr auf. Sie musste hier raus! Miri streckte die Hand nach der Leiter aus, aber sie erreichte sie nicht einmal, wenn sie sich auf die Zehenspitzen stellte. So ein Mist!

Da stand Miri nun. Gefangen in einem tiefen Brunnen, den außer ihr keiner kannte. Sie schlug die Hände vors Gesicht. Warum war sie nur so ungeduldig gewesen? Sie hätte doch einfach noch ein paar Stunden auf Jule und Fiona warten können! Jeder wusste, dass man Geheimexpeditionen niemals alleine antreten sollte. Vielleicht hatten ihre Freundinnen heute eine schlimme Erkältung und würden gar nicht zum Tannenhof kommen? Und wenn doch: Konnten sie Miris schnell hingekritzelte Karte entschlüsseln und den Weg zum Brunnen finden?

In Miri stieg Panik auf. Keine Sekunde länger wollte sie hier drinnen bleiben! Sie tastete die Brunnenwände ab. Mit der Klasse hatten sie mal einen Ausflug zu einer Kletterhalle gemacht. Damals war sie von ihrer Sportlehrerin für ihre Geschicklichkeit gelobt worden. Miri griff nach einem Stein über ihr und zog sich ein Stück nach oben. Doch die Mauer war von dem mit Raureif überzogenen Moos ganz glitschig, und Miri fiel erneut mit dem Po in das weiche Laub. Klettern schied also schon mal aus.

Sie überlegte kurz und hatte dann eine neue Idee. Vielleicht konnte Odin zum Hof laufen und Hilfe holen? In Pferdefilmen funktionierte das doch auch immer.

»Odin!«, rief Miri. »Odin, lauf zum Tannenhof!« Odin schaute über den Brunnenrand und schnaubte, doch er bewegte sich nicht von der Stelle. Er blieb da, wo Miri war, und irgendwie hatte das ja auch etwas Tröstliches. Zumindest war Miri in dieser schrecklichen Situation nicht alleine. Alles, was sie jetzt tun konnte, war, warten und hoffen, dass Elja die Nachricht nicht im Stroh verloren hatte. Miri lehnte sich an die Brunnenwand. Wie lange konnte ein Mensch ohne Essen und Trinken überleben? Ein paar Tage? Bis dahin würde sie hier unten verrückt werden. Vielleicht war sie es auch schon. Gerade hatte sie sich eingebildet, auf dem Stein gegenüber eine Kuh zu sehen. Sie rieb sich die Augen. Nein, das war keine Einbildung. Dort war tatsächlich das Bild einer Kuh. Miri drehte sich einmal um die eigene Achse und stellte verwundert fest, dass auf den Steinen unter dem vereisten Moos noch viel mehr Tiere zu sehen waren.

Rätsel 11

Hilf Miri, das Moos von den Steinen zu entfernen, und male folgende Zahlen mit einem grünen Buntstift an: 1, 3, 4, 6, 7, 9.

Kapitel 12

Miri stand im Brunnen und schaute auf die verschiedenen Tiersymbole, die sie unter dem Moos freigelegt hatte: ein Bär, ein Hund, ein Pferd, eine Ziege, eine Katze, eine Kuh, ein Schmetterling, ein Frosch, ein Hase und ein Schwein.

Was sollte das nun wieder bedeuten? War das ein neues Rätsel von Elise Tanner?

Miri ließ sich auf das Laub fallen und schlug die Hände vors Gesicht. Dieser blöde Schatz! Er war schuld, dass Miri nun in dem Brunnen festsaß. Sie hätten doch weiter Plätzchen verkaufen oder als Sternsinger von Tür zu Tür ziehen sollen, um die Schulpferde zu retten!

Miri schniefte und wischte sich mit dem Jackenärmel über ihre tränennassen Augen. Die Schatzsuche war für sie vorbei! Jule und Fiona würden das schon verstehen. Aber vielleicht waren sie schon gar nicht mehr Miris Freundinnen. Bestimmt hatten sie inzwischen den Zettel gefunden und waren stinksauer auf Miri, weil sie alleine losgezogen war und …

Miri hielt inne. Odins Wiehern riss sie aus ihren düsteren Gedanken.

»Odin? Alles in Ordnung?« Miri hörte, dass Odin schnaubte und mit den Hufen scharrte. Und waren das Stimmen? Sie sprang auf und formte ihre Hände zu einem Trichter. »Haaaallllooo!«

»Miri?«, kam es zurück. Die Stimme war noch weit entfernt, aber sie klang eindeutig nach Fiona.

»Ich bin hier!«, rief Miri und hätte vor Glück gleich wieder heulen können. Ihre Freundinnen waren gekommen! Sie musste nicht für immer und ewig in diesem blöden Brunnen bleiben und die Tiere an den Steinen anstarren.

Miri lauschte ungeduldig, und endlich kamen die Geräusche näher.

»Wo bist du denn, Miri?«, rief Jule. »Ich kann dich nicht sehen.«

»Hier unten«, antwortete Miri, und gleich darauf erschienen die verblüfften Gesichter ihrer Freundinnen über dem Brunnenrand.

»Es ist so schön, dass ihr da seid!«, sagte Miri. »Ich bin von der Leiter abgerutscht, und jetzt komm ich nicht mehr an sie ran.«

Jule hob die Augenbrauen. »Bist du an diesem klapprigen Ding in den Brunnen hinuntergestiegen?«

Miri nickte. Inzwischen war ihr die ganze Sache richtig peinlich. »Das war so blöd von mir. Tut mir leid, dass ich nicht auf euch gewartet habe. Ich war nur so aufgeregt, weil ich in der Tanner-Chronik diese Karte mit dem Brunnen gefunden hatte.«

Miri erzählte ihren Freundinnen die ganze Geschichte und fragte zum Schluss: »Seid ihr böse auf mich?«

»Quatsch«, erwiderte Jule. »Ich hätte es bestimmt auch nicht ausgehalten, zu warten.«

»Und ich bin einfach nur froh, dass dir nichts passiert ist«, sagte Fiona. Ihre Augen begannen zu leuchten. »Hast du den Tannerschatz gefunden?«

Miri schüttelte den Kopf. »Nein, nur ein doofes, neues Rätsel, von dem ich keine Ahnung habe, was es bedeuten soll.« Sie schlang die Arme um ihre Brust. »Könnt ihr mich irgendwie rausholen? Langsam wird mir hier unten echt kalt!«

»Puh, das wird schwierig. Sollen wir deine Eltern holen?«, fragte Fiona.

»Bloß nicht!«, rief Miri. »Meine Mama gibt mir bis Silvester Hausarrest, wenn sie erfährt, dass ich alleine in einen zerfallenen Brunnen geklettert bin. Meint ihr, wir schaffen das irgendwie anders?«

»Lass mich mal überlegen«, sagte Jule nachdenklich. Sie entfernte sich kurz vom Brunnen. Miri hörte ein Rascheln, und gleich darauf war Jule wieder da und legte ein schwarzes Päckchen auf den Brunnenrand.

»Ich hab doch immer meine Survival-Ausrüstung in der Satteltasche«, erklärte sie.

Fiona machte große Augen. »Im Ernst? Davon wusste ich ja gar nichts.«

Jule grinste. »Die hab ich vor zwei Jahren zum Geburtstag bekommen, aber bisher gab es noch keine Gelegenheit, sie auszuprobieren. Hoffentlich ist etwas drinnen, mit dem wir Miri herausziehen können.«

Jule begann in der Tasche zu wühlen und holte eine weiße Dose heraus. »Ich habe Jodtabletten, um Wasser zu desinfizieren. Die brauchen wir eher nicht. Hier sind eine Lupe, Streichhölzer, ein Kompass und ein Taschenmesser. Alles nicht hilfreich.«

Miri wippte im Brunnen nervös auf den Zehenspitzen auf und ab. Ob Jule in ihrer Survival-Ausrüstung irgendetwas Brauchbares finden würde?

In diesem Moment jubelte Jule auch schon: »Super, ein Kletterseil mit zwei Karabinerhaken. Damit können wir es schaffen. Wenn ich die Karabiner an Skottis Sattel befestige, kann er uns sogar beim Ziehen helfen.«

Miri strahlte über das ganze Gesicht. Sie war so glücklich und dankbar, dass Jule und Fiona bei ihr waren und sie diese blöde Situation nicht mehr alleine durchstehen musste! Sie nahmen es ihr noch nicht mal übel, dass Miri ohne sie losgezogen war. Trotzdem schwor sie sich, keine Alleingänge mehr zu machen. Das war ihr eindeutig zu viel Aufregung.

Während Jule das Seil an Skottis Sattel befestigte, fragte Fiona: »Was hast du diesmal für ein Rätsel entdeckt? Ist es wieder ein Spruch auf einer Metallscheibe?«

»Nein«, antwortete Miri. »Irgendwelche Tierbilder an der Brunnenwand. Ich hab keine Ahnung, was das bedeuten soll.«

»Blöd«, sagte Fiona. »Dann können wir es gar nicht sehen.«

Jules Kopf erschien wieder über dem Brunnen. »Auch hierfür gibt es eine Lösung. Ich lass dir mein Handy runter, und du kannst die Bilder fotografieren, ja?«

Miri nickte. Eigentlich hatte sie ja vorgehabt, die Schatzsuche aufzugeben, aber Fiona und Jule waren so aufgeregt, dass sie es nicht übers Herz brachte, ihnen das zu sagen.

Kurz darauf kam das Seil mit dem daran festgeknoteten Handy unten bei Miri an. Sie fotografierte jedes Tier mit Blitz aus verschiedenen Winkeln. Dann verstaute sie das Handy sicher in ihrer Jackentasche.

Jetzt war sie an der Reihe. Sie betrachtete das dünne Seil, und ihr wurde etwas mulmig zumute. Daran sollte sie hochgezogen werden? Ob es ihr Gewicht überhaupt halten konnte? Miri beschloss, Jules Survival-Ausrüstung zu vertrauen. Wenn das Seil riss, würde sie nur wieder im Laub landen. Das hatte sie heute schon einmal überstanden.

»Fertig?«, fragte Jule.

Miri griff nach dem Seil und hielt es ganz fest. Sie spürte einen Ruck, dann bewegte sich das Seil langsam nach oben. Miri musste ihre ganze Kraft aufwenden, um es nicht zu verlieren, doch sie hielt durch.

»Ich bin jetzt bei der Leiter!«, rief Miri. »Den restlichen Weg klettere ich nach oben!«

Sie griff nach der Sprosse und hielt sich ganz fest. Noch mal würde sie nicht ausrutschen.

Endlich erreichte sie den Brunnenrand und wurde dort von Fiona und Jule nach draußen gezogen, die ihrer Freundin um den Hals fielen.

»Danke!«, sagte Miri leise. »Ihr seid die besten Freundinnen der Welt!«

Gemeinsam ritten die drei zum Hexenhäuschen. Miri war richtig durchgefroren und freute sich auf die Wärme des Holzofens und einen heißen Früchtetee.

Als die dampfenden Tassen vor den Mädchen standen, nahm Jule ihr Handy, das Miri auf den Tisch gelegt hatte. »So, dann lasst uns doch mal sehen, was für ein Rätsel sich Elise diesmal ausgedacht hat.«

»Also ehrlich gesagt«, sagte Miri und senkte den Blick. »Ich glaub nicht mehr so recht an diesen Schatz. Meint ihr nicht, dass wir unsere Zeit verschwenden? Es kommt ja sowieso nichts dabei heraus.«

Jule sah Miri verwirrt an. »Was meinst du denn damit? Wir sind doch schon ganz nah dran.«

»Findest du?« Miri deutete auf das Handy, auf dem Fiona gerade die Fotos betrachtete. »Ich sehe nur ein weiteres unlösbares Rätsel. Wahrscheinlich werden wir Wochen brauchen, um es zu entschlüsseln. Bis dahin sind Odin und Elja vielleicht längst verkauft. Wir brauchen eine andere Lösung, um den Pferden zu helfen!« Unglücklich rührte Miri in ihrem Tee.

»Ich hab's!«, sagte Fiona leise.

»Was hast du?«, fragte Miri.

»Na, die Lösung!« Fiona hielt triumphierend das Handy in die Höhe. »Es ist ein Rebusrätsel.«

»Ein was?« Verständnislos sah Miri sie an.

»Ein Rebus ist ein Bilderrätsel. Seht ihr die kleinen Zahlen, die bei jedem Tier stehen?« Sie holte einen

Zettel und einen Stift aus dem Bücherregal und schrieb etwas darauf. »Beim Bär steht eine Eins. Also muss man den ersten Buchstaben verwenden. Wenn man das bei allen Tieren macht, ergibt es am Ende ein Wort.«

Miri sah Fiona verblüfft an. »Genial!«

»Von wegen, wir müssen wochenlang rätseln!«, sagte Jule und grinste.

»Und wo müssen wir als Nächstes hin?«, fragte Miri.

Fiona kritzelte weitere Wörter auf den Zettel. »Hier, die Lösung ist ganz einfach!«

Rätsel 12

Schreibe unter jedes Tierbild den Namen des Tieres. Die Zahl darüber verrät dir, welchen Buchstaben du für das Lösungswort verwenden musst (Achtung: ü = ue).

1

2

4

4

1

2

5

2

6

4

Lösung:

Kapitel 13

In Miri kribbelte es, als wären hundert Wunderkerzen auf einmal in ihrem Bauch entzündet worden.

Das Lösungswort war *Burgküche*. Dank Fiona hatten sie das Rätsel in Turbogeschwindigkeit gelöst!

In der näheren Umgebung gab es nur eine Burg, und das war Burg Weißenfels. Die musste Elise Tanner gemeint haben, ganz bestimmt!

Das Beste daran war: Heute Abend würden sie mit Miris Eltern und Fiete den Weihnachtsmarkt auf der Burg besuchen. Da konnten sie doch bestimmt mal einen Blick in die Küche werfen und vielleicht sogar direkt einen Schatz mit nach Hause nehmen! Jule und Fiona hatten recht: Sie waren ganz nah dran. Miri durfte jetzt nicht den Mut verlieren.

Den restlichen Tag waren Miri und ihre Freundinnen ganz hibbelig vor Aufregung.

Als alle zusammen am Abend beim Weihnachtsmarkt ankamen, wäre Miri am liebsten sofort in die Burg gestürmt. Doch sie hatten beschlossen, sich ganz unauffällig zu verhalten, damit die restlichen Tanners keinen Verdacht schöpften.

Der Weg vom großen Burgtor bis zum Innenhof war mit Fackeln erleuchtet. Miri wehte der köstliche Geruch von Punsch, Bratwürstchen und gebrannten Mandeln in die Nase. Eine Duftmischung, die sie am liebsten in ein kleines Fläschchen abgefüllt hätte, um sie das ganze Jahr lang riechen zu können.

Der Burginnenhof war mit Tannenzweigen und Lichterketten geschmückt, und Miri spürte den Zauber, der von diesem wunderbaren Ort ausging. In mehreren Reihen waren Buden aus Holz aufgebaut worden, die Schmuck, Krippenfiguren, Seifen, Christbaumkugeln und so vieles mehr anboten.

Sie schlenderten durch die erste Reihe. Herr Tanner kaufte für alle heiße Esskastanien. Beim Schälen musste man höllisch aufpassen, damit man sich nicht die Finger verbrannte.

»Da vorne ist meine Mama!«, rief Fiona und lief zu einem kleinen Stand an der rechten Burgmauer.

Frau Johannson hatte in diesem Jahr zum ersten Mal eine Bude auf dem Weihnachtsmarkt, an der sie ihre selbst gemachten Sachen verkaufte. An zwei Ständern hingen Strickmützen und Schals. Außerdem gab es gehäkelte Engelchen, Weihnachtssocken mit lustigen Motiven, Kinderpullover und bestickte Stulpen.

Die Mädchen begrüßten Frau Johannson, und Miri nahm einen Schal in verschiedenen Blautönen vom Ständer. Die Farben gingen fließend ineinander über,

was Miri an die Wellen im Meer erinnerte. »Die Sachen sind so schön«, sagte sie. »Und auch noch so weich und kuschelig!«

»Der Schal ist aus Alpakawolle«, erklärte Frau Johannson lächelnd. »Die ist besonders warm!«

»Hast du schon viel verkauft?«, fragte Fiona.

»Ja, gerade war eine Gruppe junger Frauen da, die sich alle mit neuen Stirnbändern eingedeckt haben. Und viele Männer suchen nach Weihnachtsgeschenken für ihre Frauen.« Fionas Mutter zwinkerte den Mädchen zu.

Als Miri das Wort *Weihnachtsgeschenk* hörte, durchzuckte sie plötzlich ein Schreck: Über Geschenke hatte sie sich in diesem Jahr noch überhaupt keine Gedanken gemacht. Sie selbst wünschte sich eigentlich immer nur Sachen zum Reiten: einen Westernsattel, eine neue Reithose oder ein Buch über Freiheitsdressur. Aber sie wollte natürlich auch ihrer Familie und ihren Freundinnen etwas schenken. So leer, wie es in ihrem Geldbeutel momentan aussah, würde das schwierig werden. Kaufen kam deswegen nicht infrage. Und etwas basteln? Besonders kreativ war Miri leider auch nicht.

»Ich will Karussell fahren«, riss Fietes Stimme Miri aus ihren Gedanken. Er deutete mit dem Finger in die hintere Ecke des Weihnachtsmarktes und zog mit der anderen Hand am Jackenärmel von Frau Tanner.

»Können wir hingehen? Bitte, bitte!«

»Na gut«, sagte Frau Tanner. »Eine Runde ist in Ordnung.«

Sie verabschiedeten sich von Frau Johannson und gingen zum großen Burgturm, vor dem das Kinderkarussell aufgebaut worden war. Miri sah schon von Weitem die bunten Lichter und die wunderschönen Holzpferde, die sich zur Musik im Kreis drehten. Das Karussell wurde jedes Jahr vom alten Feddersen betrieben. Er stand vor dem Karussell und winkte den Tanners.

»Ich will auf das schwarze Pferd!«, rief Fiete und lief zu ihm.

»Das sollst du haben«, sagte der alte Feddersen und half Fiete beim Erklimmen des Pferdes.

Miri warf ihren Freundinnen einen vielsagenden Blick zu und wandte sich dann an ihre Eltern. »Ihr könnt mit Fiete ruhig noch hierbleiben. Wir schauen uns in der Zeit ein bisschen um, okay?«

»Alles klar«, sagte Herr Tanner. »Treffen wir uns doch in zwanzig Minuten am Punschstand.«

Die Mädchen steuerten auf das zweiflüglige Burgtor zu. Miri drückte die schwere Eisenklinke hinunter, und die Tür öffnete sich quietschend. Die Mädchen betraten den Vorraum, der durch eine Lampe schwach erleuchtet war. Es gab einen Tresen, an dem die Eintrittskarten für die Burgführungen verkauft wurden. Dahinter standen ein Regal mit Souvenirs von Burg Weißenfels und ein Ständer mit Flyern.

Der Platz am Tresen war unbesetzt. Ratlos sahen die Freundinnen sich um.

»Wo müssen wir denn hin?«, fragte Fiona. Ihre Stimme hallte im Gewölbe wider.

Miri überlegte. Das letzte Mal war sie hier mit ihrer Grundschulklasse gewesen, aber auf die Burgküche hatte sie damals nicht geachtet.

»Ich glaub, wir müssen da lang«, sagte Jule und deutete auf einen breiten Gang, der in den rechten Teil der Burg führte.

»Wenn ich mich recht erinnere, ist dort drüben der Speisesaal. Dann kann doch die Küche auch nicht weit sein, oder?«

»Wir versuchen es einfach mal«, sagte Miri und ging zielstrebig los. Sie hatten den Gang gerade betreten, als hinter ihnen eine Männerstimme ertönte: »Na, na, na, meine jungen Damen, wo wollt ihr denn hin?«

Erschrocken drehten sich die Mädchen um. Neben dem Tresen war ein langer, dünner Mann mit Schnurrbart aufgetaucht. Er hatte seine strähnigen, braunen Haare über seine Halbglatze gekämmt und die Hände in die Hüften gestemmt.

»Äh …«, machte Miri. »Wir wollten uns mal kurz die Burg ansehen.«

Der Mann wedelte mit seinem Zeigefinger hin und

her. »Heute finden keine Führungen mehr statt. Und Alleingänge durch die Burg sind nicht erlaubt.« Er gab ein blechernes Lachen von sich. »Das wäre ja noch schöner, wenn alle Leute einfach unsere kostbaren Ausstellungsstücke anfassen würden.«

Er winkte die Mädchen zu sich und drückte Jule einen Flyer in die Hand. »Führungen sind von Dienstag bis Sonntag, zehn bis siebzehn Uhr. Da könnt ihr gerne vorbeikommen. Und nun husch, raus hier!« Er öffnete die Eingangstür, und den Mädchen blieb nichts anderes übrig, als die Burg zu verlassen.

»So ein Blödmann«, sagte Miri und kickte einen Kieselstein gegen das verschlossene Burgtor.

Fiona legte einen Arm um ihre Schultern. »Dann kommen wir eben morgen wieder. Viel Zeit wäre uns heute sowieso nicht geblieben, um die Burg zu erkunden.«

Jule blickte auf ihre Armbanduhr. »Stimmt. Wir treffen uns gleich mit deinen Eltern am Punschstand. Außerdem habe ich schrecklichen Hunger.«

Miri seufzte. »Na gut, dann lasst uns mal etwas essen!«

Rätsel 13

Folge den Linien und finde heraus, wer was auf dem Weihnachtsmarkt isst.

Kapitel 14

Leider wurde aus dem Burgbesuch am nächsten Tag nichts. Miri hatte sich wohl im Brunnen verkühlt und wachte mit Halsschmerzen, Husten und einer laufenden Nase auf. Sie versuchte das zwar vor ihren Eltern zu verbergen, doch Frau Tanner entging wie immer nichts. Sie bestand darauf, dass Miri heute zu Hause blieb.

Miri fühlte sich zu elend, um weiter zu diskutieren, und legte sich mit einer Wärmflasche auf die Wohnzimmercouch. Frau Tanner brachte ihr eine Kanne Kräutertee und Hustenbonbons. Dann verschlief Miri den restlichen Tag.

Jule und Fiona kamen kurz zu Besuch. Miri sagte ihnen, dass sie die Burgführung alleine machen sollten, doch ihre Freundinnen waren entschieden dagegen.

Jule meinte, dass der Schatz schon so lange herumlag, da konnte er auch noch warten, bis Miri wieder gesund war. Sie versprachen außerdem, Odin mit auf den Reitplatz zu nehmen, damit er ein bisschen Bewegung bekam.

Am Dienstag fühlte sich Miri endlich besser. Frau Tanner wollte aber, dass sie noch einen Tag zu Hause blieb, um sich auszukurieren. Also schlief Miri bis neun Uhr. Ihre Mutter brachte ihr Frühstück ans Bett und erzählte, dass sie und Miris Vater zu einem Termin in die Stadt fahren und erst mittags zurückkommen würden.

Miri aß gemütlich einen Marmeladentoast und trank dazu Kakao. Im Bett zu frühstücken war wirklich gemütlich. So hätte es ihrer Meinung nach jeden Tag sein können. Allerdings bedeutete krank sein nicht nur schulfrei, sondern auch Reitverbot, und das war schrecklich! Schon allein deswegen musste Miri morgen wieder gesund sein. Dann konnte sie endlich wieder mit Odin über die verschneiten Felder galoppieren. Sie konnte es gar nicht mehr erwarten!

Miri trank den letzten Schluck Kakao aus und stellte die Tasse auf ihrem Nachttisch ab. Da hörte sie über sich plötzlich ein seltsames Kratzen. Miri legte den Kopf schief und lauschte. Was konnte das sein? Ihre Eltern waren weggefahren, Fiete schon längst im Kindergarten. Miri war also alleine im Haus. Sollte sie nachsehen? Bestimmt gab es eine ganz einfache Erklärung, wie ein offen stehendes Fenster.

Auch wenn Jule bei ihren Übernachtungspartys gerne Gruselgeschichten erzählte, glaubte Miri an so etwas nicht.

Im Schlafanzug ging Miri aus dem Zimmer, stieg die knarrende Holztreppe zum Dachboden hinauf und öffnete die Tür. Hier oben war es kalt und staubig. Durch die Dachfenster drang nur wenig Licht herein, weil sie vom Schnee bedeckt waren.

Miri sah sich um. An der linken Seite stapelten sich Kisten mit alten Spielsachen, Elektrogeräten und Büchern. Es gab verstaubte Möbel, kaputte Sättel, einen Sessel, aus dem eine Sprungfeder herausschaute. An der rechten Seite stand ein Kleiderschrank, der schon von unzähligen Holzwürmern durchlöchert war. Miri überprüfte die Dachfenster, doch sie waren alle geschlossen. Als sie beim letzten angekommen war, hörte sie wieder das kratzende Geräusch. Es kam aus der linken Ecke. Miri griff nach einem rostigen Kerzenständer. Falls sich hier ein Monster oder ein Einbrecher verstecken sollte, würde sie sich zumindest verteidigen können. Sie hatte mehrere Stunden allein in einem Brunnen überstanden – vermutlich konnte sie alles schaffen!

Auf Zehenspitzen schlich Miri in die Ecke. Hier waren einige Holzkisten aufeinandergestapelt. Sie wartete einen Moment, dann sprang sie nach vorne und rief: »Ha!«

Zwei glühende, grüne Augen starrten Miri verwundert an. Sie begann zu lachen und stellte den Kerzenleuchter ab.

»Rudi! Was machst du denn hier?«

Rudi maunzte und begann dann wieder, mit der Pfote an der Holzdiele zu kratzen. Wahrscheinlich hatte sich in der Ritze ein verängstigtes Mäuschen vor ihm in Sicherheit gebracht.

Miri schnappte sich den kleinen Kater, der empört miaute und versuchte, sich aus ihrem Griff zu winden. Doch Miri hielt ihn ganz fest und trug ihn in Richtung Dachbodentür.

»So, du gehst jetzt wieder schön nach … Auuua!«

In Miris großen Zeh fuhr ein abscheulicher Schmerz. Sie ließ Rudi los, der erschrocken und ganz freiwillig die Dachbodentreppe nach unten lief.

Miri setzte sich auf den Boden und untersuchte ihren armen Zeh, mit dem sie gegen eine Blechkiste gestoßen war. »Blödes Ding!«, fauchte sie und gab der Kiste mit ihrem unverletzten Fuß einen Tritt. Im Inneren klimperte etwas. Was da wohl drin war? Sie schob den Deckel hinunter und erblickte einen Haufen rostiger Hufeisen.

Miri nahm eines heraus und fuhr mit ihrem Finger über das spröde Metall. Die Pferde auf dem Tannenhof mussten alle paar Wochen neu beschlagen werden, aber die Hufeisen behielten sie eigentlich nie. Die nahm der Hufschmied wieder mit, um das alte Metall zu recyceln. Eigentlich blöd, dachte Miri. Schließlich waren Hufeisen doch Glücksbringer, und Glück konnte der Tannenhof gerade richtig viel gebrauchen.

Glück, schoss es Miri durch den Kopf. Na klar! Über Glück freute sich jeder! *Das* würde sie in diesem Jahr zu Weihnachten verschenken. Miri zählte die Hufeisen in der Kiste. Es waren genug darin, um jedem eines zu schenken: Mama, Fiete, Papa, Fiona und Jule. Sie musste die Hufeisen nur säubern und schön bemalen. Miri grinste. Was für ein wunderbares Weihnachtsgeschenk!

Sie nahm die Hufeisen mit in ihr Zimmer und blickte auf die Uhr an der Wand. Bis ihre Eltern zurückkamen, würde es bestimmt noch eine Weile dauern. Sie legte ihren Schreibtisch mit Zeitungspapier aus und holte Schleifpapier, einen feuchten Lappen, Farben und Pinsel aus Papas Werkstatt. Dann begann sie, den Rost und den Schmutz von den Hufeisen zu entfernen. Anschließend bemalte sie alle Hufeisen mit verschiedenen Mustern. Jedes sah anders aus und passte Miris Meinung nach genau zu dem Beschenkten: Fionas Hufeisen hatte sie türkis angemalt, mit kleinen Blumen darauf. Fietes Hufeisen war rot wie die Feuerwehr und hatte lustige Marienkäferpunkte.

Anschließend mussten die Hufeisen trocknen. Miri

hängte wieder das *Weihnachtsgeheimnisse – Bitte nicht stören*-Schild an die Tür und ging dann in die Küche. Zeit für eine kleine Stärkung mit Lebkuchen! Als sie die Packung gerade aus dem Schrank geholt hatte, klingelte es an der Haustür. Miri ging in den Flur und öffnete. Draußen stand eine junge Frau. Sie trug einen roten Wollmantel und hatte flauschige Ohrenschützer auf dem Kopf.

»Hallo!«, sagte die Frau und lächelte zaghaft. »Tut mir leid, dass ich einfach so reinschneie. Ich habe von Jochen gehört, dass euch ein kleiner Kater zugelaufen ist.« Ein trauriger Schatten legte sich über ihr Gesicht. »Mein Paulchen ist schon zwei Wochen lang nicht nach Hause gekommen. Ich mache mir schreckliche Sorgen. Aber vielleicht ist er ja der Kater, den ihr gefunden habt? Er hat doch ein rötliches Fell, oder?«

Miri nickte. In ihrem Bauch zog sich alles zusammen. Jetzt war es wohl so weit, Rudi musste den Hof verlassen. Sie bat die Frau, kurz zu warten, und ging in die Küche, wo sich der kleine Kater auf der Eckbank eingerollt hatte. Miri hob ihn hoch und vergrub ihre Nase in seinem weichen Fell. Vielleicht sollte sie Rudi einfach im Wohnzimmer verstecken und behaupten, dass er draußen sei? Nein, das wäre echt gemein gewesen. Miri seufzte und brachte den kleinen Kater zur Haustür. Die Frau betrachtete ihn hoffnungsvoll und schüttelte dann den Kopf.

»Nein, das ist leider nicht Paulchen. Danke für deine Hilfe!« Sie senkte den Blick und ging mit hängenden Schultern zu ihrem Auto zurück. Miri wusste nicht, was sie fühlen sollte: Einerseits freute sie sich, dass sie Rudi noch länger behalten konnte, andererseits tat ihr die Frau sehr, sehr leid. Sie wünschte ihr ganz fest, dass sie ihr Paulchen wiederbekam!

Am Abend war die Farbe auf den Hufeisen getrocknet. Miri sah sie noch einmal an und war sehr zufrieden mit ihrer Arbeit. Jetzt mussten sie nur noch eingepackt werden, und schon war die Geschenkesache für dieses Jahr erledigt. Miri ging zur Kommode im Flur, wo das Geschenkpapier aufbewahrt wurde. Es gab viele verschiedene Papierreste und Schachteln, und sie packte jedes Hufeisen anders ein.

»Fertig!«, sagte Miri stolz, als sie ihr Werk betrachtete. Doch dann schlug sie sich mit der flachen Hand gegen die Stirn. Sie hatte die Hufeisen einfach eingepackt, ohne die Namen daraufzuschreiben. Miri seufzte. Musste sie nun alle Geschenke noch mal öffnen? Nein, das bekam sie auch so hin. Sie musste nur scharf nachdenken, welches Hufeisen in welchem Geschenk steckte.

Rätsel 14

Beschrifte mit Miri die Geschenke. Folgende Hinweise helfen dir dabei:

* Das Geschenk für Fiona ist in einem Sternchenpapier verpackt.
* Das Geschenk für Jule hat eine helle Schleife.
* Das Geschenk für Fiete ist hell.
* Das Geschenk für Frau Tanner hat keine Schleife.
* Das Geschenk für Herrn Tanner ist rund.

....

....

....

....

....

Kapitel 15

Am nächsten Tag fühlte sich Miri richtig gut. Sie hatte alle Geschenke korrekt beschriftet und in ihrer verschließbaren Schreibtischschublade versteckt.

Der Schultag ging schnell vorbei, und da sie so gut wie keine Hausaufgaben aufbekommen hatten, konnte Miri gleich nach dem Mittagessen zu Odin gehen.

Am Nachmittag ritten die Freundinnen gemeinsam zur Burg Weißenfels.

»Fühlst du dich fit genug, um die Burg zu erstürmen und den Schatz zu finden?«, fragte Jule und lächelte Miri an. Sie waren gerade durch das äußere Burgtor geritten. Der Weihnachtsmarkt hatte noch nicht geöffnet, und die Buden waren verschlossen.

»Tagsüber sieht so ein Weihnachtsmarkt fast ein bisschen traurig aus«, sagte Fiona, während sie ihren Blick über den Hof schweifen ließ. »So ganz ohne Lichter und Menschen.«

»Keine Sorge. In ein paar Stunden steht hier wieder Weihnachtszauber auf dem Programm«, sagte Miri.

Sie banden ihre Pferde neben dem Kinderkarussell fest und gingen durch die Burgpforte. Heute war die Theke in der Eingangshalle besetzt. Eine junge Frau mit Brille und einem straffen Pferdeschwanz saß dort und blickte auf einen Computerbildschirm. Die Freundinnen gingen zu ihr.

»Hallo, wir würden gerne eine Burgführung machen!«, sagte Miri.

Die Frau sah die Mädchen an. »Oh, die Gruppe ist vor einer Minute losgegangen. Es ist die letzte Führung für heute. Aber ihr könnt euch noch anschließen, wenn ihr wollt.«

»Klar, das machen wir«, sagte Jule.

Sie bezahlten ihre Eintrittskarten und folgten dann der Frau in den Gang, den Miri, Fiona und Jule wenige Tage zuvor auch schon hatten betreten wollten.

An der Wand hingen Gemälde von alten Burgherren und kostbare Wandteppiche, die Szenen von Schlachten und Festen zeigten. Ihre Schritte hallten auf dem blanken Steinboden. Durch die Buntglasfenster drang ein heimeliges Licht herein.

Sie bogen nach rechts ab und kamen zu einer großen, offenen Flügeltür. Dort konnte man einen Mann sprechen hören, und Miri verzog das Gesicht. Leider kam ihr diese Stimme ziemlich bekannt vor.

Und sie hatte sich nicht getäuscht: Als sie den großen Festsaal betraten, stand da der unfreundliche Mann mit Schnurrbart und leierte mit monotoner Stimme ein paar Jahreszahlen herunter. Um ihn herum hatten sich die anderen Besucher versammelt: eine Gruppe von Rentnerinnen, eine Frau mit einem Mädchen in Fietes Alter, ein junger Mann, der auf sein Handy starrte, und ein Pärchen, das seine Finger ineinanderverschlungen hatte.

»Herr Möbius, darf ich Sie kurz unterbrechen?«, fragte die Frau vom Empfang und schob ihre Brille ein Stück nach oben. »Ich hätte hier noch drei Nachzügler für die Gruppe.«

Der Burgführer runzelte die Stirn. Die Unterbrechung seines Vortrags schien ihm überhaupt nicht zu gefallen. Doch dann nickte er, was wohl bedeutete, dass Miri, Fiona und Jule bleiben durften. Aus seiner Miene war nicht zu schließen, ob er die Mädchen wiedererkannte.

»So, wo war ich stehen geblieben?«, fragte er und hüstelte kurz.

»Bei der Schlacht um Weißenfels«, sagte eine Rentnerin, die in einem Notizbuch fleißig mitschrieb.

»Ach ja, genau!«, sagte Herr Möbius. »1753 umstellte Lothar der Dritte die Burg für mehrere Wochen, um so die Versorgungswege abzuschneiden. Doch die Burgherren holten zu einem Gegenangriff aus und …«

Was dann passierte, erfuhren sie erst einmal nicht, denn Herr Möbius hatte zu sprechen aufgehört. Stattdessen war blankes Entsetzen in seine Augen getreten.

Miri folgte seinem Blick und sah, dass das kleine Mädchen mit einer Hand über einen Wandteppich strich. Das konnte Miri verstehen, denn der Teppich sah unglaublich weich aus.

»Um Gottes willen!«, rief Herr Möbius. »Die Teppiche dürfen unter keinen Umständen berührt werden. Sie sind aus reiner Seide und äußerst empfindlich!«

Das kleine Mädchen lief erschrocken zu seiner Mutter und versteckte sich hinter ihr.

»Fiesling«, wisperte Jule. »So ein Teppich zerfällt doch nicht gleich, wenn man ihn mal anfasst. Schließlich hat er schon Jahrhunderte gehalten.«

»Um meine Ausführung um die Schlacht von Weißenfels zu beenden«, sagte der Burgführer nun, »die Weißenfelser gingen als Sieger des Kampfes hervor, und die Gegner wurden in die Flucht geschlagen.« Herr Möbius sah so stolz aus, als wäre er höchstpersönlich für den Sieg verantwortlich. Er deutete zur Tür und sagte: »Wenn Sie mir nun bitte folgen würden! Als Nächstes sehen wir uns die Bibliothek an.«

Nach einem weiteren einschläfernden Vortrag gingen sie endlich in die Burgküche.

Miri spürte, wie sich ihr Herzschlag beschleunigte. Sie war so gespannt, was sie dort erwarten würde! Die Gruppe folgte dem Burgführer durch einen langen Gang. Miri, Jule und Fiona ließen sich zurückfallen und unterhielten sich flüsternd.

»Gleich sind wir da!«, sagte Jule und rieb sich die Hände.

Fiona sah sie mit gerunzelter Stirn an. »Sagt mal, wonach müssen wir eigentlich suchen?«

Miri machte ein ratloses Gesicht. Das Wort »Burgküche« war nicht besonders aufschlussreich. Dort gab es bestimmt tausend Möglichkeiten, um etwas zu verstecken. Bei einigen Rätseln hatten sie aus den gereimten Versen Hinweise ableiten können, aber jetzt tappten sie vollkommen im Dunkeln.

»Wir müssen uns einfach ganz genau umsehen«, sagte Miri. »Irgendetwas wird uns schon auffallen, das mit dem Tannerschatz in Verbindung steht!«

»Wenn die jungen Damen dann bitte auch kommen würden«, sagte der Burgführer mit einem genervten Unterton in der Stimme, und die Mädchen beschleunigten schnell ihre Schritte.

Die Burgküche war ein großer Raum mit Steinfliesen und einem tief hängenden Gewölbe. Die ganze hintere Wand nahm ein offener Kamin ein. An den Wänden hingen alte Pfannen und Töpfe. In der Mitte gab es einen grob gezimmerten Holztisch mit einfachen Stühlen. Miri konnte sich gut das geschäftige Treiben vorstellen, wenn die Köchinnen und Mägde hier das Essen für ein großes Ritterfest vorbereitet hatten.

Während der Burgführer einen Wandschrank vorführte, der wegen der dicken Burgwände früher als Kühlschrank benutzt worden war, sahen sich die Mädchen so unauffällig wie möglich um.

Miri ging an der Wand entlang und blickte verstohlen in die Töpfe. Vielleicht hatte Elise Tanner dort einen weiteren Hinweis eingeritzt? Eine gusseiserne Pfanne, die hoch über Miris Kopf hing, sah besonders vielversprechend aus. Sie stellte sich auf die Zehenspitzen und wollte danach greifen, als die Pfanne mit einem lauten Poltern zu Boden fiel. Im Raum wurde es schlagartig still, und Miri hielt die Luft an.

»Was habe ich vorhin gesagt?«, schimpfte Herr Möbius, und sein Schnurrbart wackelte vor Zorn. »NICHTS ANFASSEN!«

Miri war knallrot im Gesicht geworden und hob die Pfanne auf. Der Burgführer riss sie ihr aus der Hand und hängte sie wieder an den Wandhaken. »Kinder haben einfach keinen Sinn für Kultur«, zischte er.

Gleich darauf scheuchte er die Gruppe nach draußen, sodass den Mädchen keine Gelegenheit mehr blieb, sich weiter in der Küche nach dem Schatz umzusehen.

»Na toll«, wisperte Miri. »Das ist ja voll in die Hose gegangen.«

»Dieser Typ ist echt ein Ekel«, flüsterte Jule, und ihre Augen funkelten vor Zorn. »Der denkt wohl, dass er hier der König ist! Wir müssen unbedingt allein in die Burgküche, aber mit dem Wachhund in der Nähe schaffen wir das nie! Hat irgendjemand zufällig einen richtig guten Plan?«

»Ehrlich gesagt schon.« Über Fionas Gesicht huschte ein Lächeln. »Lasst mich mal machen.« Sie presste sich die Hände auf den Bauch und machte ein elendes Gesicht. »Äh ... Entschuldigung«, sagte Fiona leise und tippte dem Burgführer auf die Schulter. »Mir ist plötzlich ganz übel. Wo ist denn die nächste Toilette?«

Herr Möbius stöhnte auf. »In der Eingangshalle.«

»Okay, danke«, sagte Fiona und schenkte ihm ein gequältes Lächeln.

Jetzt begriff Miri, was Fiona vorhatte, und sagte: »Oje, du Arme. Im Moment geht doch dieser Magen-Darm-Virus um. Wahrscheinlich ist es besser, wenn wir gehen.«

Jule nickte zustimmend, und auch der Burgführer schien diese Idee gut zu finden. Er hielt sich zum Schutz seinen Hemdärmel vor die Nase und sagte mit gedämpfter Stimme: »Ja, das ist sicher das Beste. Nicht, dass du hier noch etwas verunreinigst.«

Fiona presste die Lippen zusammen und gab einen leisen Würgelaut von sich. Miri hatte alle Mühe, sich das Lachen zu verkneifen. Gemeinsam liefen sie mit Fiona den Gang entlang.

»Wahnsinn, Fiona! Du könntest Schauspielerin werden«, sagte Jule, als sie außer Hörweite waren.

»Ach was!« Fionas Wangen färbten sich rosa.

Miri strahlte über das ganze Gesicht. »Wir müssen uns verstecken, bis die Gruppe weit genug weg ist, und dann untersuchen wir endlich ganz in Ruhe die Burgküche.«

Sie warteten zwanzig Minuten, um sicher zu sein, Herrn Möbius nicht über den Weg zu laufen, dann gingen sie los.

Leise wanderten sie durch die Gänge, aber irgendwie kam Miri nun nichts mehr bekannt vor. Sie blieb stehen und flüsterte: »Äh, kann es sein, dass wir falsch gegangen sind? Wir hätten doch schon längst bei der Burgküche ankommen müssen.«

Jule zog die Mundwinkel nach unten. »Den Verdacht hatte ich auch schon. Wir müssen einen anderen Weg ausprobieren. Hoffentlich begegnen wir dabei nicht dem Wachhund Möbius!«

Rätsel 15

Hilf den Freundinnen, in die Burgküche zu kommen, ohne von Herrn Möbius entdeckt zu werden.

Kapitel 16

Endlich hatten die Freundinnen den Weg zurück zur Burgküche gefunden. Draußen dämmerte es bereits, und man konnte durch die Fenster die Beleuchtung der Weihnachtsmarktstände sehen.

»Jetzt müssen wir uns echt beeilen«, sagte Fiona.

Miri nickte. »Ja, wir dürfen auf keinen Fall das Licht einschalten. Das wäre viel zu auffällig.«

»Zum Glück gibt es in meinem Survival-Set Taschenlampen«, meinte Jule und öffnete ihren Rucksack. »Am besten teilen wir uns auf, und jede sucht einen anderen Bereich ab.«

Um die Pfannen und Töpfe machte Miri diesmal einen großen Bogen. Stattdessen wandte sie sich dem Kamin zu. Er war aus groben Steinen gemauert und ragte etwa einen halben Meter in den Raum. An den Seiten hing das Kaminbesteck. Das kannte Miri von zu Hause. Damit konnte man den Ofen säubern, wenn das Feuer abgebrannt war.

Sie knipste ihre Taschenlampe an und leuchtete in den Kamin. Über ihr war ein großer Haken, an dem man wahrscheinlich einen Kessel befestigen konnte. Miri bückte sich und stieg in den Kamin. Es roch nach geräuchertem Schinken. Der Boden unter ihr war staubig. Ob hier noch manchmal ein Feuer entzündet wurde? Miri hielt die Taschenlampe senkrecht nach oben und konnte einen langen, schwarzen Schacht erkennen, der irgendwo auf dem Dach in einem Schornstein münden musste. Hier ist wohl eher kein Schatz versteckt, dachte Miri. Sie zog den Kopf ein, um wieder aus dem Kamin hinauszuklettern. Als sie gerade einen Fuß auf den Küchenboden setzen wollte, hielt sie inne. Für einen kurzen Moment hatte der Strahl der Taschenlampe die rechte Seitenwand des Kamins gestreift, und Miri sah etwas, das ihr sehr bekannt vorkam. Sie ging in die Knie und wischte mit den Fingern den Staub zur Seite: Es gab keinen Zweifel. Hier war das Tannersymbol in den Stein geritzt worden!

»Ich glaub, ich hab was!«, rief Miri und drehte sich zu ihren Freundinnen um.

Jule und Fiona eilten zu ihr.

»Was denn?«, fragte Fiona aufgeregt.

»Hier ist das Tannersymbol«, sagte Miri. »Das kann kein Zufall sein, oder?«

Jule grinste schief. »An Zufälle glaube ich bei deiner Ururururgroßmutter schon lange nicht mehr!«

Fiona war in die Hocke gegangen und tastete die Steine ab. »Eigentlich hätte ich da gleich drauf kommen müssen. Ich habe mal gelesen, dass die Burgherren früher ihre Schätze oft unter den Feuerstellen vergruben, um sie vor ihren Feinden zu verstecken.«

»Das macht Sinn«, sagte Jule. »In der heißen Glut wollte bestimmt kein Raubritter wühlen, um Goldmünzen zu finden.«

»Dann ist hier wahrscheinlich irgendwo ein Versteck.« Miri begann ebenfalls die Steine zu befühlen. Sie waren gleichmäßig aneinandergesetzt. Keiner schien locker zu sein oder eine geheime Klappe zu haben. Doch plötzlich spürte sie eine Unregelmäßigkeit unter ihren Fingern. Eine abgeplatzte Fuge?

»Kann mal jemand hier leuchten?«, fragte Miri und wartete, bis der Schein der Taschenlampe ihre Entdeckung erhellte.

»Das sieht fast aus wie ein Schlüsselloch«, sagte Fiona.

Jule seufzte. »Ohne Schlüssel hilft uns das leider nicht weiter. Oder hat jemand von euch zufällig bei der Schatzsuche einen gefunden?«

In Miris Kopf begann es zu arbeiten. Irgendwas hatte sie vor Kurzem in der Hand gehalten, das wie ein Schlüssel ausgesehen hatte. Was war das nur gewesen?

Genau, das war es! Miri sprang auf, was sich als großer Fehler herausstellte. Denn sie knallte mit dem Kopf direkt an die Innenwand des Kamins.

»Was ist los?«, fragte Fiona und wich ängstlich zurück. »Ist da eine Spinne im Kamin?«

»Au!«, brummte Miri und rieb sich die Stirn. »Nein, keine Spinne. Ich hab eine Idee!«

Sie lief zu ihrem Schulrucksack und zog die Metallplatte heraus, die sie darin versteckt hielt.

»Was willst du denn mit der Platte?«, fragte Jule.

Über Miris Gesicht huschte ein zufriedenes Lächeln. »Ich glaube, dass sie unser Schlüssel ist.« Sie fuhr mit dem Finger über die gerillte Spitze. »Könnte funktionieren, oder?«

Fiona und Jule sahen Miri staunend an und beobachteten gespannt, wie sie mit der Platte in den Kamin kroch und die Spitze in das Schlüsselloch steckte. Sie passte!

Miri drehte die Platte nach rechts. Die drei Freundinnen hielten den Atem an. Im Kamin war ein leises Knirschen zu hören. Der Stein schien sich gelockert zu haben. Miri zog daran – und tatsächlich: Er ließ sich ganz einfach hinausziehen. Sie legte den Stein am Ka-

minboden ab, und Fiona leuchtete mit der Taschenlampe in den Hohlraum. Miri spürte, wie sich die Haare an ihren Armen vor Aufregung aufstellten.

»Da ist eine Kiste!«, flüsterte Jule.

Vorsichtig holte Miri sie heraus. Sie war aus Holz und ganz leicht. Behutsam stellte sie die Kiste am Boden ab, und die Freundinnen beugten sich darüber. Das Holz der Kiste war fast schwarz und mit filigranen Schnitzereien verziert.

»In der Mitte steht etwas!«, sagte Jule und begann zu lesen:

Willst du den Weg nach drinnen,
musst du das Rätsel spinnen.
Soll dir der Schatz gehören,
dann darfst du nichts zerstören.
Schreib's hinter deine Ohren,
der Schatz ist sonst verloren.

»Na super«, stöhnte Miri. »Ein neues Rätsel.«

Sie las die Worte erneut und kratzte sich nachdenklich am Kopf. »Wenn ich das richtig verstehe, dürfen wir die Kiste auf keinen Fall mit Gewalt öffnen, sonst geht der Inhalt darin kaputt und wir können den Schatz vergessen.«

Sie untersuchte die Kiste weiter. An der Vorderseite waren vier kleine Rädchen, auf denen Zahlen standen.

Miris Fahrradschloss sah genauso aus: Man musste die richtige Zahlenkombination eingeben, dann öffnete sich das Schloss.

»Der Spruch sagt, wir müssen ein Rätsel lösen, das uns zu einer Zahlenkombination führt«, sagte Miri. »Aber wo ist dieses Rätsel?«

Fiona hatte inzwischen die Unterseite des Kästchens untersucht. »Hier sind einige Buchstaben und Linien eingeritzt. Vielleicht kann man daraus Zahlen bilden?«

Miri holte aus ihrem Rucksack Papier und Stifte, und die Mädchen knobelten eine ganze Weile damit herum. Doch eine Lösung fanden sie nicht.

In der Burgküche war es inzwischen stockfinster geworden. »Leute, ich glaube, wir sollten langsam mal gehen. Das Rätsel können wir uns auch zu Hause genauer ansehen«, sagte Jule und stopfte die Zettel in ihre Jackentasche.

Miri packte die Kiste vorsichtig in ihren Rucksack. Der Inhalt schien sehr kostbar zu sein. Auf keinen Fall wollte sie ihn durch eine Unachtsamkeit kaputt machen.

Dann verließen sie die Burgküche. Der Flur wirkte wie ausgestorben. Jule leuchtete den Weg mit ihrer Taschenlampe. Mehr Licht wagten sie nicht zu machen. Die Statuen und Rüstungen warfen lange Schatten – mehrere Male zuckten die Mädchen zusammen, weil sie dachten, jemand würde vor ihnen stehen.

Endlich kamen sie in den Gang, der zur Eingangshalle führte. Die Tür nach draußen war geschlossen.

Miri sah durch das Schlüsselloch. In der Eingangshalle brannte Licht. Doch niemand war zu sehen. Sie konnten sich also problemlos rausschleichen. Erleichtert drückte Miri die Klinke nach unten. Nichts rührte sich.

»Oh nein«, sagte Fiona. »Jemand hat die Tür abgesperrt! Wie kommen wir denn nun wieder raus?«

»Das war bestimmt der Wachhund. Aber keine Sorge …«, Jule begann in ihrem Rucksack zu wühlen, »… in meinem Survival-Set ist ein Dietrich.«

»Was ist denn ein Dietrich?«, fragte Miri.

»Damit kann man Schlösser knacken«, erklärte Jule und zog ein gebogenes Stück Metall heraus. Sie steckte es in das Türschloss und drehte es konzentriert hin und her.

Miri beobachtete sie dabei. Ob Jule es schaffen würde, das Schloss zu öffnen?

Rätsel 16

Hilf Jule beim Knacken des Schlosses. Beginne bei Start und rechne die Aufgaben dem Pfeil folgend aus. Suche das Ergebnis und schreibe den passenden Buchstaben in die Lösungszeile.

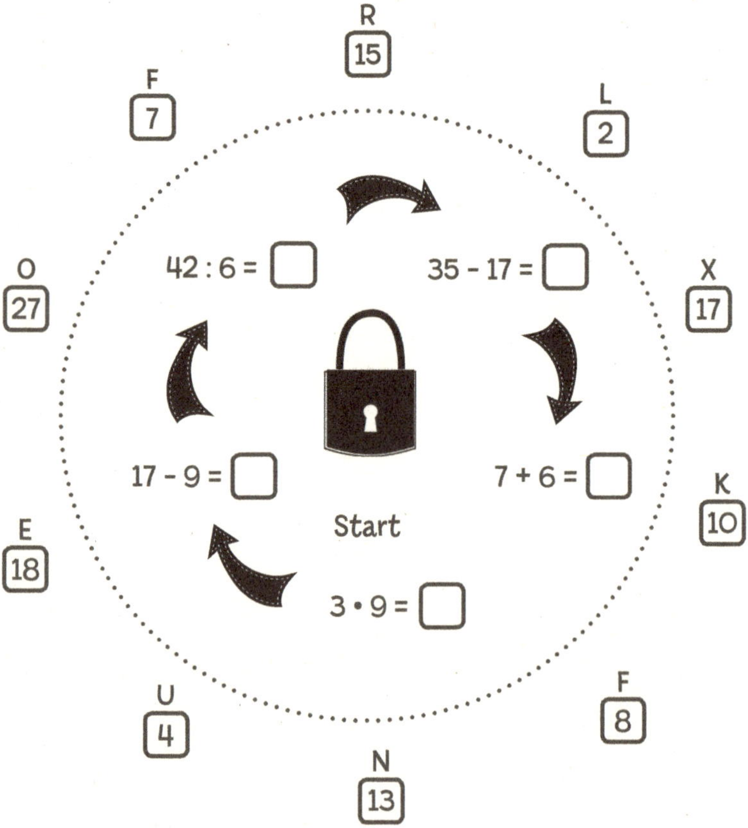

Lösung: ☐☐☐☐☐

Kapitel 11

Jule hatte es tatsächlich geschafft! Das Schloss war aufgesprungen und der Weg in die Eingangshalle frei.

»Wow!«, staunte Miri. »Vielleicht muss ich mir auch so ein Survival-Set wünschen. Das hat uns jetzt schon zum zweiten Mal gerettet.«

Sie verließen die Burg und standen endlich wieder im Freien. Miri atmete die kühle Abendluft ein. Das Abenteuer in der Burg war wirklich aufregend gewesen, und sie fühlte sich richtig erschöpft.

Das Karussell von Feddersen drehte schon fleißig zu den Klängen von »O Tannenbaum« seine Runden. Zwei Kinder saßen mit glücklichen Gesichtern darauf.

Miri, Jule und Fiona eilten zu ihren Pferden, die hinter dem Karussell angebunden waren. Der alte Feddersen stand neben ihnen und tätschelte gerade Odins Hals. »Ah, das sind eure. Ich hab mich schon gefragt, ob meine Karussellpferde Nachwuchs bekommen haben«, sagte er und zwinkerte den Mädchen zu.

Miri lächelte entschuldigend. Sie hatte ein schlechtes Gewissen, weil sie die Pferde so lange allein gelassen hatten.

»Wir waren in der Burg! Und es hat leider alles etwas länger gedauert.« Miri schmiegte sich an Odin, der zur Begrüßung leise schnaubte.

»Keine Sorge«, antwortete Feddersen. »Ich hatte ein Auge auf sie. So, nun muss ich mal die Runde beenden. Sonst wird den Kindern noch schlecht.«

Er ging zum Karussell, und die Freundinnen waren wieder unter sich. Skotti stupste an Jules Tasche. Für die lange Wartezeit verlangte er nun zumindest ein Pferdeleckerli.

»Ist ja gut!«, sagte Jule. »Du bekommst schon was.« Sie steckte die Hand in die Jackentasche und hielt Skotti auf ihrer flachen Hand einen Haferkeks hin. Er wollte gerade danach schnappen, als Jule rief: »Oh nein, Skotti! Da ist das Rätsel für den Tannerschatz mit dabei! Das darfst du natürlich nicht essen.«

Skotti beobachtete Jule mit vorwurfsvollem Blick, die den Zettel mit spitzen Fingern vom Haferkeks löste. »Voll mit Pferdesabber und zu nichts mehr zu gebrauchen«, sagte sie, warf den Zettel in den Mülleimer neben sich und gab Skotti zur Entschädigung gleich zwei Pferdeleckerli.

»Zum Glück steht das Rätsel auch noch auf dem geheimen Kästchen«, wandte Jule sich an ihre Freundinnen, während Skotti zufrieden mampfte. »Ich bin so gespannt, ob dort endlich der Tannerschatz drinnen ist. Jetzt sind wir schon so weit gekommen. Wenn wir doch nur die Zahlenkombination hätten, damit wir die Kiste öffnen könnten!«

»Psst!«, machte Miri und legte den Zeigefinger auf die Lippen. Jule war so aufgeregt, dass sie einfach lautstark losgeplappert hatte. Miri sah sich besorgt um. Die Eltern, die vor dem Karussell warteten, hatten nur Augen für ihre Kinder. Feddersen stand wenige Meter entfernt von ihnen und hantierte am Schaltkasten des Karussells. Doch er schien ganz vertieft in seine Arbeit zu sein. Bestimmt hatte er nichts mitbekommen.

»'tschuldigung!« Jule machte ein zerknirschtes Gesicht.

»Ist ja noch mal gut gegangen«, flüsterte Miri. »Wir müssen echt vorsichtig sein. Stellt euch vor, der Wachhund hätte das mitbekommen. Der würde uns die Kiste bestimmt wegnehmen und behaupten, sie sei Eigentum der Burg Weißenfels.«

In den nächsten Tagen kamen die Freundinnen der Zahlenkombination nicht näher, denn sie mussten einiges für die Schule lernen. Vor den Weihnachtsferien standen zwei Klassenarbeiten in Englisch und Mathe an, und da Miri in der letzten Zeit oft im Unterricht in Grübeleien über den Schatz versunken gewesen war, hatte sie einiges aufzuholen. Schlechte Noten bedeuteten Reitverbot. Da waren Miris Eltern richtig streng.

Am Donnerstag der darauffolgenden Woche schlüpfte Miri nach den Hausaufgaben direkt in ihre Reitklamotten. Endlich hatte sie verstanden, wie man Dezimalbrüche berechnete! Zufrieden mit sich ging sie in den Hof hinaus.

Vor dem Stall standen die Zwillinge Merle und Hannah König. Sie waren acht Jahre alt und hatten bei Frau Tanner Reitunterricht. Eigentlich mochte Miri die beiden ganz gerne, aber heute sah sie etwas, das sie richtig wütend machte: Die Zwillinge hatten Odin und Elja aus dem Stall geholt und sattelten sie gerade. Jeder auf dem Hof wusste, dass Odin als Schulpferd absolut tabu war!

»Was macht ihr denn da mit unseren Pferden?«, rief Miri und baute sich vor den Mädchen auf.

Hannah verschränkte die Arme vor der Brust. »Mein Papa kauft eure Pferde. Ich will Odin, und Merle nimmt Elja. Die zwei sind einfach die besten Pferde auf dem Tannenhof! Wir ziehen im nächsten Jahr an die Ostsee und nehmen sie mit.«

Miri schnappte nach Luft. So eine Unverschämtheit! Sie funkelte die beiden wütend an und sagte mit leiser Stimme: »Odin und Elja werden nicht verkauft. An niemanden! Und dass sie mit euch an die Ostsee ziehen, könnt ihr auch vergessen. Wehe, ihr holt sie noch mal vom Paddock! Und jetzt haut ab!«

Die Zwillinge waren über Miris Ausbruch ziemlich erschrocken und räumten das Feld. »Das erzählen wir sofort Papa«, flüsterte Merle ihrer Schwester beim Weggehen zu.

Miri war das egal. Sie sattelte die Pferde wieder ab und brachte sie zurück zu ihrer Herde. Zum Abschied drückte sie Odin einen Kuss auf die warmen Nüstern und sagte: »Ich komme gleich wieder. Aber erst mal muss ich mit meinen Eltern reden.«

»Was ist denn hier los?«

Miri hatte das Wohnzimmer betreten und wäre fast über eine Ansammlung von Büchern, Fotoalben und anderem Krimskrams gestolpert.

Frau Tanner drehte sich zu ihr um. In der Hand hielt sie eine Vase, die mit einem Blumenmuster verziert war.

Ihre Haare hatte sie mit einem Tuch nach hinten gebunden. »Feddersen hat heute Morgen alten Trödel von uns abgeholt. Unser ganzes Haus war vollgestopft mit Sachen, die kein Mensch mehr braucht. Damit können wir ein bisschen Geld verdienen. Außerdem ist das eine gute Gelegenheit, um mal wieder Staub zu wischen. Toll, oder?«

»Hm … ja, toll«, antwortete Miri und setzte sich auf das Sofa. Sie holte tief Luft, dann sprudelte es aus ihr heraus: »Die blöden Zwillinge behaupten, dass sie unsere Pferde kaufen werden. Stell dir vor: Sie haben Odin und Elja aus dem Stall geholt! Du musst unbedingt mit ihren Eltern reden. Das dürfen sie nie wieder machen!«

Frau Tanner stellte die Vase auf dem Couchtisch ab und setzte sich zu Miri. Ihr Gesicht wirkte sehr ernst, und Miri fiel erst jetzt auf, wie blass und dünn sie geworden war.

»Du weißt doch, dass Papa und ich vor ein paar Tagen bei einem Termin in der Stadt gewesen sind.« Miri nickte. Das war an dem Vormittag gewesen, als sie die Hufeisen auf dem Dachboden entdeckt hatte.

Frau Tanner redete weiter. »An dem Tag waren wir bei unserer Bank, um nachzufragen, ob wir doch noch einen weiteren Kredit bekommen, damit wir die Reithalle wieder aufbauen können.«

»Und?« Miri kaute an ihrem Fingernagel.

Frau Tanner strich sich eine verirrte Haarsträhne aus dem Gesicht. »Sie haben Nein gesagt. Wir wollten schon längst mit dir reden, Miri. Um den Tannenhof steht es schlechter, als wir angenommen hatten. Inzwischen haben schon etliche Reitschüler und Einsteller gekündigt. Sie wollen bei jedem Wetter trainieren, und das können wir ihnen momentan einfach nicht bieten.«

Frau Tanner rückte an Miri heran und umarmte sie. »Wir müssen einige Pferde verkaufen, und Herr König hat uns ein gutes Angebot gemacht.«

Miri kämpfte sich aus der Umarmung frei. In ihren Augen standen Tränen. »Und da habt ihr euch gedacht, ihr könntet einfach Odin und Elja verkaufen? Ohne mich zu fragen?«

»Nein, jetzt beruhige dich! Odin und Elja werden nicht verkauft, das würden wir nie tun. Merle und Hannah haben bestimmt etwas falsch verstanden! Ihr Vater hat Sigur und Tinni für sie ausgesucht.«

Miri atmete erleichtert auf. Odin und Elja waren nicht in Gefahr, doch am Blick ihrer Mutter sah sie, dass noch mehr schlechte Nachrichten auf sie warteten.

»Herr König wird uns noch sehr viel mehr Pferde abkaufen«, sagte Frau Tanner leise.

Miri sah ihre Mutter fragend an. Ein ungutes Gefühl machte sich in ihrem Magen breit. »Wie viele denn?«

Frau Tanner schluckte. »Fünfzehn.«

»Fünfzehn?« Miri schnappte nach Luft. »Das sind ja fast alle unsere Pferde!«

»Ich weiß, dass es hart wird.« Frau Tanner drückte Miris Hand. »Aber wir können uns den Unterhalt für Pferde, die nicht geritten werden, momentan nicht leisten. Damit wir wieder auf die Beine kommen, müssen wir sparen, wo wir nur können. Herr König möchte mit einem Bekannten an der Ostsee einen Isländerhof eröffnen. Im Januar werden die Pferde dorthin gebracht.«

Miri fühlte sich, als wäre sie gerade von einem Erdbeben durchgeschüttelt worden. Wenn fünfzehn Pferde den Tannenhof verließen, blieben ihnen nur Odin, Elja und die Pferde ihrer Eltern: Aska und Dimon. Waren sie dann überhaupt noch ein richtiger Reiterhof? Und was passierte, wenn das Geld immer noch nicht reichte? Würden ihre Eltern den Tannenhof vielleicht sogar ganz aufgeben müssen?

Miri sprang auf. Das konnte sie nicht zulassen! Es gab nur eine Chance: Sie mussten die Sache mit dem Tannerschatz endlich zu Ende bringen. Sie lief aus dem Wohnzimmer und ließ ihre erstaunte Mutter auf dem Sofa zurück.

Im Flur stieß sie mit Fiona und Jule zusammen, die gerade zur Haustür hereingekommen waren.

»Gut, dass ihr da seid«, sagte Miri. »Ich muss euch etwas Schreckliches erzählen!«

Sie gingen in Miris Zimmer, und Miri berichtete

ihren Freundinnen von den Plänen ihrer Eltern, einen Großteil der Tanner-Pferde zu verkaufen.

Jule und Fiona waren genauso bestürzt wie Miri.

»Das müssen wir auf jeden Fall verhindern!«, rief Jule.

Miri nickte. »Genau, und deshalb ist es wirklich wichtig, dass wir so schnell wie möglich das Rätsel lösen, das uns zum …« Sie stockte. Warum grinsten Jule und Fiona denn so? »Wir haben das Rätsel schon geknackt!«, sagte Fiona.

»Echt jetzt?« Miri konnte es kaum glauben.

Fiona nickte. »Du weißt doch, dass ich Angst vor Spinnen habe. Das hat uns auf die Lösung gebracht. Schau, ich zeig es dir!«

Rätsel 17

Zeichne die Linien mit einem Stift nach und notiere die Silben in der Lösungszeile. So erfährst du den nächsten Hinweis, der Miri und ihre Freundinnen dem Schatz ein Stück näher bringt.

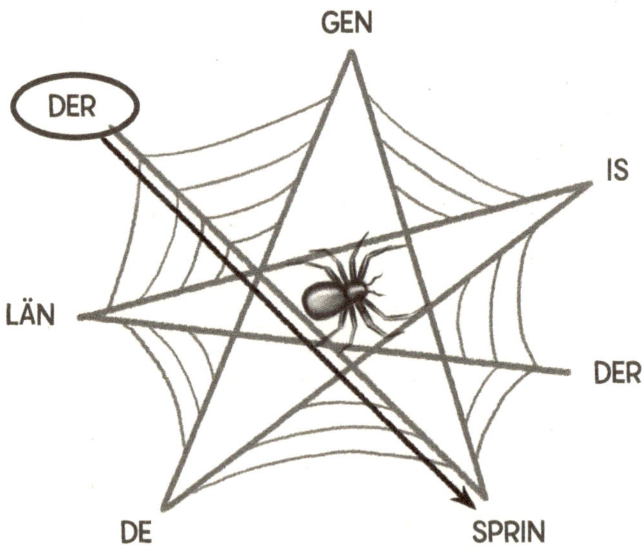

Lösung: DER _ _ _ _ _ _ _ _ _ _ _ _   _ _ _ _ _ _ _ _ _

Kapitel 18

»Der springende Isländer! Na klar!«, rief Miri.

Fiona sah ihre Freundin an. »Du weißt, was das bedeutet?«

»Ja! Kommt, ich zeig's euch!« Miri rannte, dicht gefolgt von Jule und Fiona, in den Flur und stieß die Tür zur Bibliothek auf. »Hier ist er: der springende Isländer.« Sie deutete auf die Wand beim Schreibtisch, und erstarrte in der Bewegung.

Die Wand war leer.

»Aber, aber … wo ist er denn?« Aus Miris Gesicht war alle Farbe gewichen.

»Was suchst du eigentlich?«, fragte Jule.

Miri sah sich hektisch um. »Das Bild, das über dem Schreibtisch hing. Es ist weg!«

»Ja, jetzt weiß ich es wieder«, sagte Fiona. »Da war ein springendes Pferd drauf abgebildet. Meinst du, das hat Elise in ihrem Rätsel gemeint?«

»Bestimmt.« Miri begann das Zimmer abzusuchen. »Das Bild hing in der Bibliothek, seit ich denken kann. Elise muss irgendwo darin den Zahlencode versteckt haben. Aber warum ist es jetzt weg?«

Miri erstarrte. Gerade war ihr ein schrecklicher Einfall gekommen. Sie rannte an Jule und Fiona vorbei aus der Bibliothek und beugte sich über das Treppengeländer. Dann rief sie so laut sie konnte: »Mama, Mamaaa! Komm mal! Schnell!«

Frau Tanner eilte aus dem Wohnzimmer. Sie hielt ein Staubtuch in der Hand und blickte zu Miri nach oben. »Was ist los? Warum schreist du so?«

Miri stolperte die Treppe hinunter. »Mama, wo ist der springende Isländer?«, keuchte sie. »Ich brauch ihn ganz dringend!«

Frau Tanner sah Miri verständnislos an. »Für was brauchst du das Bild denn? Es ist bei Feddersen. Ich habe dir doch vorhin gesagt, dass er ein paar Sachen von uns gekauft hat. Er fand den springenden Isländer so schön und hat mir einen sehr guten Preis dafür gemacht. Wir haben so viel Krempel, da können wir uns wirklich von einigen Dingen trennen.«

Miri setzte sich auf die Treppenstufe, legte den Kopf auf die Knie und sagte mit leiser Stimme. »Warum hast du das gemacht?«

Frau Tanner strich ihrer Tochter über den Kopf. »Ach Miri, ich wusste nicht, dass du so sehr an dem Bild hängst. Wir haben doch noch viele andere schöne

Pferdebilder. Davon können wir eines in die Bibliothek bringen.«

»Ich brauch kein anderes Bild, sondern den springenden Isländer!«

»Es tut mir wirklich leid«, sagte Frau Tanner. »Aber da ist nichts mehr zu machen. Jetzt muss ich weiter aufräumen. Ich löse Papa gleich beim Tannenbaumverkauf ab.« Frau Tanner stand auf und ging ins Wohnzimmer zurück.

Jule und Fiona kamen die Treppe herunter und setzten sich neben Miri. »Jetzt lass dich nicht hängen«, sagte Jule. »Wenn der springende Isländer beim alten Feddersen ist, können wir ihn doch wieder von ihm zurückholen.«

Miri fühlte sich, als hätte sie an einem Wettlauf teilgenommen und kurz vor dem Ziel war ihr einfach die Puste ausgegangen. Aber Jule hatte recht: Sich hängen zu lassen, nützte ihnen gar nichts.

»Na gut«, sagte sie und lächelte zaghaft. »Holen wir uns den springenden Isländer zurück.«

Das kleine Antiquitätengeschäft von Feddersen lag in der Altstadt von Weißenfels. Diesmal waren die Freundinnen mit dem Bus in die Stadt gefahren, denn ihre Pferde konnten sie schlecht auf dem Parkplatz abstellen.

In der Altstadt gab es eine Bäckerei, mehrere Restaurants, Bekleidungsgeschäfte und eine Eisdiele. Dort wurden im Winter statt Eis Lebkuchen und frische Waffeln verkauft.

Die Freundinnen sahen durchs Schaufenster von Feddersens Laden. Es war vollgestopft mit alten Sachen. Miri konnte ein gusseisernes Bügeleisen, eine Kuckucksuhr, ein Schachbrett aus Marmor und einen alten Ohrensessel erkennen. In der Mitte stand der kleine Weihnachtsbaum, den Feddersen am Tannenhof gekauft hatte. Nun war er mit goldenen Kugeln und einer Lichterkette geschmückt.

Jule drückte die Klinke zum Laden hinunter. Die Tür ging nicht auf.

Fiona tippte auf ein Schild, das von innen an der Scheibe hing und auf dem *Geschlossen!* stand.

»Keine Panik«, sagte Jule. Vielleicht ist der alte Feddersen nur kurz zum Mittagessen gegangen.«

»Oder er verschickt gerade den springenden Isländer mit der Post nach Timbuktu«, sagte Miri und bekam dafür von Jule einen Schneeball auf die Brust geworfen.

»Positiv denken!«, rief Jule. Sie presste ihre Nase gegen die Ladentür, dann begann sie zu klopfen. »Hallo, Herr Feddersen. Sind Sie da?«

»Jo, hier bin ich doch.« Herr Feddersen war hinter den Mädchen aufgetaucht. In der einen Hand hielt er seinen klimpernden Schlüsselbund, in der anderen eine Nussschnecke.

»Siehst du, Miri: Mittagessen«, flüsterte Jule und zwinkerte Miri zu.

Der alte Feddersen schloss die Ladentür auf und sagte: »Dann kommt mal rein, meine Damen.«

Ein kleines Glöckchen klingelte, als er die Tür öffnete. Die Mädchen folgten ihm in den Antiquitätenladen. Miri sah sich um. Der Verkaufsraum war vollgestopft bis unter die Decke. Regale mit alten Büchern, Möbel, antike Spielsachen. Warum Feddersen auch noch den alten Kram der Tanners brauchte, konnte Miri nicht verstehen. Am linken Rand war ein Tresen mit einer Kasse, die aussah, als würde sie zu einem übergroßen Kaufladen gehören. Daneben lag am Boden ein Hundekorb, der mit einem weichen Schaffell ausgelegt war. Der Korb war allerdings leer.

»Ist Oskar nicht da?«, fragte Miri.

»Nein«, sagte Feddersen und sah zu Boden. »Ihm geht es immer noch nicht besser, und er musste die Nacht in der Tierklinik verbringen.«

»Oh, der Arme«, sagte Fiona. »Hoffentlich wird er bald wieder gesund!«

»Ja … hoffentlich«, sagte Feddersen mit trauriger Miene. Dann straffte er seine Schultern und zwang sich zu einem Lächeln. »Wie kann ich euch helfen? Seid ihr auf der Suche nach Weihnachtsgeschenken?«

Miri schüttelte den Kopf. »Nein, es geht um etwas viel Wichtigeres. Sie haben doch heute Vormittag ein

Bild vom Tannenhof mitgenommen. Darauf ist ein springendes Pferd abgebildet.« Sie sah sich suchend im Laden um. »Wo ist es denn? Wir brauchen es unbedingt wieder!«

Der alte Feddersen kratzte sich am Bart. »Oje, das tut mir wirklich sehr leid. Eine Kundin hat es vorhin gekauft.«

»Was?«, rief Jule. »Wie kann es denn so schnell weg sein? Sie haben es doch erst vor ein paar Stunden vom Tannenhof mitgenommen.«

Feddersen rückte einige Bücher im Regal zurecht. »Sie hat es gesehen und mir ein gutes Angebot gemacht. Da hab ich es an sie verkauft.« Er zuckte mit den Schultern. »So läuft mein Geschäft.«

Miri ließ sich auf einen Stuhl mit wunderschönen Schnitzereien sinken. »Das darf doch nicht wahr sein.«

»Können Sie uns vielleicht sagen, wie die Frau hieß?«, fragte Fiona hoffnungsvoll.

Der alte Feddersen schüttelte den Kopf. »Nein, sie hat bar bezahlt und mir ihren Namen nicht verraten.«

»Wie hat sie denn ausgesehen?«, wollte Jule wissen.

»Ihr fragt mich Sachen«, sagte der alte Feddersen. »Ich hab ein Auge für schöne Antiquitäten, aber Gesichter kann ich mir leider ganz schlecht merken. Ich glaube, sie hatte braune Haare. Oder waren sie blond? Sie trug einen roten Mantel.« Feddersen sah die Mädchen entschuldigend an. »Mehr weiß ich leider nicht mehr.«

Die Mädchen ließen betreten die Köpfe hängen. Sie waren so nah dran gewesen, und schon wieder standen sie in einer Sackgasse. Der springende Isländer war bei einer unbekannten Frau, und damit hatten sie keine Chance mehr, an den Zahlencode zu kommen.

»Jetzt macht nicht so traurige Gesichter«, sagte Feddersen. »Wartet mal, ich hab etwas für euch.«

Er verschwand in einer Tür, die zum Lager führte, und die Mädchen steckten ihre Köpfe zusammen.

»Was machen wir denn jetzt?«, fragte Fiona leise. »Wir brauchen das Bild, um das Kästchen zu öffnen.«

»Vielleicht können wir das Schloss aufbrechen?«, überlegte Jule, doch Miri schüttelte entschieden den Kopf. »Nein, davor hat uns Elise gewarnt. Wir dürfen es nicht mit Gewalt aufmachen. Lasst uns einfach ein bisschen rumprobieren. Vielleicht finden wir die richtige Kombination?«

»Sehr unwahrscheinlich«, flüsterte Jule. »Es gibt Tausende Möglichkeiten. Aber etwas anderes bleibt uns nicht übrig.«

»Wir können ja gleich bei dir zu Hause unser Glück versuchen. Das ist leider unsere einzige Chance, um doch noch an den Schatz zu kommen«, sagte Fiona.

Miri nickte. »Aber lasst uns mit dem Kästchen lieber ins Hexenhäuschen reiten. Fiete ist im Moment ständig auf der Suche nach Weihnachtsgeheimnissen. Der darf es auf keinen Fall in die Finger bekommen.«

Aus dem Lager kam ein Rumpeln, und Feddersen erschien wieder im Laden. Er überreichte Miri, Jule und Fiona drei bunt bemalte, kleine Holzpferde. »Die könnt ihr an euren Christbaum hängen.«

»Danke, die sind wirklich hübsch«, sagte Miri. »Falls die Frau wiederkommt, können Sie ihr bitte sagen, dass sie sich auf dem Tannenhof melden soll?«

»Das mache ich«, sagte Feddersen und begleitete die Mädchen zur Tür. »Dann sehen wir uns morgen!«

Miri sah den alten Feddersen fragend an. »Was ist denn morgen?«

»Eure Weihnachtsfeier?«, antwortete er mit einem Schmunzeln. »Ihr habt mir doch vor Kurzem die Einladung gebracht.«

Miri schlug sich mit der Hand an die Stirn. »Die Weihnachtsfeier hatte ich fast schon wieder vergessen.«

Als sie wenig später an der Bushaltestelle standen, sagte Miri: »Ich kann es echt nicht fassen, dass der springende Isländer weg ist. Wir werden wohl vom Pech verfolgt.«

Jule sah Miri streng an. »Was hatten wir abgemacht?«

»Nicht hängen lassen«, brummte Miri.

Fiona stupste sie an. »Genau! Wir haben bisher für jedes Problem eine Lösung gefunden. Das Kästchen kriegen wir auf, du wirst sehen. Jetzt müssen wir uns sowieso erst einmal um die Weihnachtsfeier kümmern.«

»Stimmt«, sagte Jule. »Schließlich haben wir alle eingeladen. Es könnte ein bisschen peinlich werden, wenn wir nichts vorbereitet hätten. Was müssen wir denn noch erledigen bis morgen?«

Miri wickelte nachdenklich eine Haarsträhne um ihren Finger. »Essen und Getränke bringt die freiwillige Feuerwehr mit. Die restlichen Sachen von unserer Liste müssen wir organisieren.«

»Wäre es nicht auch schön, ein paar Weihnachtslieder zu singen?«, überlegte Fiona.

»Oh ja!«, rief Jule. »Singen ist immer schön! Da kommt man so richtig in Weihnachtsstimmung. Was meinst du, Miri?«

»Finde ich gut«, sagte Miri. »Dann müssen wir aber noch die Liedzettel kopieren. Welche Weihnachtslieder mögt ihr denn am liebsten?«

Rätsel 18

Kannst du erraten, welche Weihnachtslieder die Freundinnen bei der Feier singen wollen? Schreibe die fehlenden Wörter in die Zeilen.

Morgen  wird's was geben. ....

Kling, , klingelingeling. ....

O,  ....

Morgen kommt der  ....

Leise rieselt der  ....

Kommet, Ihr  ....

Stille Nacht, heilige  ....

Kapitel 19

Den restlichen Nachmittag verbrachten die Freundinnen mit der Vorbereitung der Weihnachtsfeier. Alles, was sie am nächsten Tag brauchen würden, transportierten sie mit den Pferden ins Hexenhäuschen. Das geheimnisvolle Kästchen hatten sie mitgenommen und nacheinander immer wieder verschiedene Zahlenkombinationen ausprobiert. Ohne Erfolg!

Bevor sie das Hexenhäuschen wieder verließen, versteckte Miri das Kästchen unter einer losen Bodendiele. Sicher war sicher! Dann ritten die Freundinnen zurück auf den Tannenhof, wo sich Jule und Fiona verabschiedeten.

Als Miri gerade ins Haus gehen wollte, sah sie, dass ein Auto mit einem Pferdehänger auf den Hof fuhr.

Miri blieb in der Tür stehen. Wer konnte das sein? Kam ein neues Einstellerpferd? Das wäre ja endlich mal wieder eine gute Nachricht! Sie ging ein paar Schritte in den Hof, und der kurze Moment der Zuversicht verwandelte sich schlagartig in Ärger.

Aus dem Auto stieg Frau Westermann. Jetzt war Miri alles klar: Frau Westermann holte Prinzessa ab, um sie in ihren neuen Reitstall zu bringen. Noch ein

Pferd, das die Wikinger-Herde verlassen würde. Wenn Herr König die anderen Isländer abgeholt hatte, waren nur noch Odin, Elja und Skotti da. Dieser Gedanke machte Miri schrecklich traurig.

Da hörte Miri ein seltsames, schleifendes Geräusch. Sie drehte sich um und entdeckte Fiete, der seinen Schlitten über den Hof zog. Auf Miris Gesicht stahl sich ein Lächeln, denn hinter Fiete jagte Rudi her. Fiete hatte am Ende seines Schlittens eine flatternde Fahne befestigt, die Rudi unbedingt schnappen wollte.

Als Fiete den kleinen Kater bemerkte, beschleunigte er seinen Schritt und lief in Schlangenlinien, doch Rudi ließ sich nicht abhängen.

»Mama!«, brüllte Fiete. »Rudi will meine Fahne kaputt machen!«

Frau Tanner kam aus dem Stall. Sie sagte etwas zu Fiete, das Miri nicht verstehen konnte. Dann nahm sie Rudi auf den Arm und begrüßte Frau Westermann. Wenn ein Pferd neu auf den Hof kam oder ihn verließ, gab es immer einige Formalitäten zu regeln.

Ob ihre Mutter sauer auf Frau Westermann war? Sie sagte immer, dass jedes Pferd ein Teil der Tannerfamilie war. Da fiel es ihr mit Sicherheit auch schwer, sich von einem Pferd zu trennen. Arme Mama, dachte Miri und ging ins Haus. Sie schloss die Tür hinter sich, und während sie ihre Wintersachen auszog, kam ihr ein guter Einfall: Heute Abend wollte sie für ihre Familie ein richtig schönes Abendessen machen. Das würde ihre Mutter bestimmt trösten. In der Küche holte Miri sich alle Zutaten, dann schnitt sie Gurken, Tomaten und Karotten in schmale Scheiben und legte sie auf einen Teller. Sie goss Wasser in den Teekessel und stellte Butter, Käse und Honig auf den Tisch. Als sie gerade das Brot aus der Box herausholte, kam Fiete mit roten Backen herein. Er setzte sich an den Tisch und stibitzte sich eine Gurkenscheibe.

»Hey, die sind fürs Abendessen«, sagte Miri.

»Ist doch noch genug da«, schmatzte Fiete und schob ein großes Stück Käse hinterher. »Mmpf … Rudi … mmmpf … will ihn mitnehmen«, sagte Fiete.

Miri sah ihn fragend an. »Was? Ich hab kein Wort verstanden.«

Fiete schluckte. »Rudi gehört Frau Westermann, und sie will ihn mitnehmen!«

Miri ließ vor Schreck das Messer auf die Arbeitsplatte fallen. »Das kann nicht stimmen! Da hast du sicher nicht richtig zugehört.«

»Doch, wirklich!«, sagte Fiete. »Frau Westermann hat Rudi gerade bei Mama auf dem Arm gesehen und gesagt, dass er ihr entlaufen ist. Ich weiß es genau!«

In Miris Bauch brodelte es. Diese schreckliche Frau Westermann! Zuerst holte sie Prinzessa aus der Wikinger-Herde, und nun wollte sie ihnen auch noch Rudi wegnehmen? Das kam gar nicht infrage! Wahrscheinlich behauptete sie nur, dass er ihr gehörte, weil sie ihn so niedlich fand. Niemals würde sie Rudi dieser blöden Kuh geben!

Miri stürmte in den Flur, schlüpfte in ihre Reitstiefel und lief dann über den Hof zum Stall. Frau Westermann stand mit Rudi auf dem Arm vor dem Pferdehänger. Prinzessa war schon darin. Sie trippelte unruhig hin und her und wieherte.

»Miri, du wirst es nicht glauben«, sagte Frau Tanner. »Ich habe herausgefunden, wo Rudi hingehört!«

»Ja, ja, weiß ich schon«, sagte Miri trotzig. »Fiete hat es mir erzählt. Aber Frau Westermann muss erst mal beweisen, dass Rudi ihr Kater ist. Das kann ja jeder behaupten.«

»Miri, wie redest du denn mit Frau Westermann!«, sagte ihre Mutter mit strenger Stimme.

Miri verschränkte die Arme vor der Brust. »Ich will Rudi nicht mehr hergeben! Er gehört zum Tannenhof!«

Frau Westermann sah Miri an. Gleich würde sie sich über ihre unverschämte Ausdrucksweise beschweren und Frau Tanner empfehlen, ihrer Tochter drei Monate Reitverbot zu geben, doch zu Miris Überraschung lächelte Frau Westermann.

»Miri, ich will euch euren Rudi doch gar nicht wegnehmen. Mogli, so heißt er eigentlich, gehört nicht wirklich mir. Er wurde vor einigen Monaten in einem Katzenkorb vor dem Tierheim ausgesetzt. So etwas

passiert leider oft. Viele Leute legen sich Haustiere zu, ohne darüber nachzudenken, dass dies eine große Verantwortung ist und auch Arbeit mit sich bringt.«

Sie drückte Miri den kleinen Kater in die Arme.

»Mogli war mit seinem Schicksal aber alles andere als zufrieden. Er ist ein richtiger Rebell und letzte Woche einfach aus dem Tierheim ausgebüxt. Keine Ahnung, wie er das geschafft hat, aber wir haben uns schon schreckliche Sorgen um ihn gemacht.«

Frau Westermann streichelte über Rudis Kopf. »Ich freue mich so, dass deine Mutter gesagt hat, dass er bei euch bleiben darf. Viele Katzen müssen ihr ganzes Leben im Tierheim verbringen, weil sich kein neuer Besitzer findet.«

Miri hatte Frau Westermann mit offenem Mund zugehört und spürte, dass sie immer röter im Gesicht wurde. Das Ganze war ihr schrecklich peinlich. Sie warf ihrer Mutter einen kurzen Blick zu, die ihr aufmunternd zunickte.

»Entschuldigung«, sagte Miri und vergrub ihr Gesicht schnell in Rudis Fell. »Das, was ich eben gesagt habe, war nicht so gemeint.«

Frau Westermann schien Miri kein bisschen böse zu sein. »Ist schon okay. Du hattest einfach Angst um deinen Rudi. Übrigens passt der Name sehr gut zu ihm.« Sie drehte sich zu Prinzessa, die im Anhänger nervös schnaubte. »Wir werden uns jetzt auf den Weg machen. Es ist so traurig, dass wir den Hof verlassen müssen.«

Miri sah erstaunt auf. »Was heißt das, Sie müssen den Hof verlassen? Ich dachte, Sie wollen nicht mehr bei uns bleiben?«

Frau Westermann schüttelte den Kopf. »Nein, Prinzessa hat seit Kurzem eine Strohallergie. Auf dem Gestüt Mähnenwind gibt es eine ganze Herde mit Allergiker-Pferden. Ich mag den Tannenhof so gerne, aber ich kann nicht verlangen, dass deine Eltern wegen eines einzelnen Pferdes die gesamte Einstreu ändern.«

Zum zweiten Mal merkte Miri, dass ihr die Röte ins Gesicht stieg. Wie hatte sie Frau Westermann so falsch einschätzen können? Nur weil sie schicke Reitkleidung trug, war Miri automatisch davon ausgegangen, dass Frau Westermann eingebildet war. Aber genau das Gegenteil war der Fall: Sie sorgte sich rührend um Prinzessas Gesundheit und kümmerte sich in ihrer Freizeit um arme Tiere, die kein Zuhause hatten.

Miri schwor sich: Nie wieder würde sie Vorurteile gegen jemanden haben!

Kurz darauf verabschiedete sich Frau Westermann und stieg in ihr Auto, während Miris Mutter wieder im Haus verschwand. Miri setzte den zappelnden Rudi auf dem Boden ab, und erst jetzt begriff sie, was gerade passiert war: Rudi durfte auf dem Tannenhof bleiben. Für immer! Sie musste keine Angst mehr haben, dass sein Besitzer kam und ihn mitnahm! Endlich mal eine gute Nachricht. Miris Herz hüpfte vor Glück.

Während sie zusah, wie der Pferdehänger mit Prinzessa vom Hof rollte, kam ihr eine Idee. Sie lief dem Auto hinterher, klopfte an die vordere Scheibe und rief: »Stopp, bitte warten Sie!«

Frau Westermann ließ das Fenster hinunter. »Hab ich etwas vergessen?«

»Ich möchte Ihnen noch etwas geben«, sagte Miri. »Können Sie kurz warten? Dann hole ich es von drinnen.«

Rätsel 19

Was gibt Miri Frau Westermann? Male die Felder mit einem roten Buntstift an.

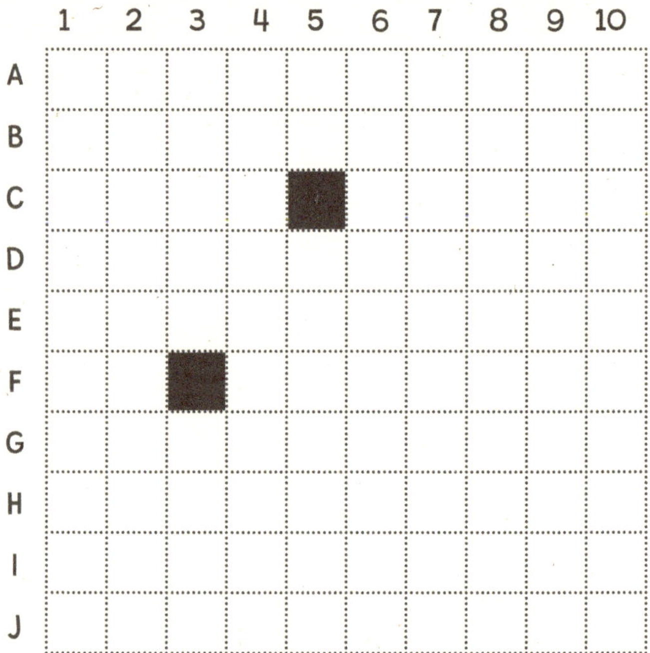

8D ~~5C~~ 8E ~~3F~~ 8C 8F

4C

6C 4D 7C 3D 7E

7D

4F

6E 3C 5F 3E

5D

6D

4E 5E 7F 6F

Kapitel 20

Miri war glücklich, dass sie Frau Westermann jetzt doch noch ihre Einladung zur Weihnachtsfeier überreichen konnte. Frau Westermann hatte sich riesig darüber gefreut und versprochen zu kommen.

Und endlich war er da! Der Tag der großen Weihnachtsfeier.

Die Vorbereitungen lenkten Miri ab, sodass sie kaum Zeit hatte, an die fünfzehn Pferde zu denken, die den Tannenhof bald verlassen würden. Im Moment konnten sie sowieso nichts tun. Das Kästchen war verschlossen, und der springende Isländer in unerreichbarer Ferne. Sie mussten wohl auf ein Weihnachtswunder hoffen.

Den ganzen Nachmittag bereiteten Miri, Jule und Fiona die Waldlichtung vor. Sie schmückten die Tannenbäume ringsherum mit Strohsternen und Lichterketten. Jochen von der freiwilligen Feuerwehr hatte ihnen einen kleinen Stromgenerator geliehen, damit die Lichterketten in der Dunkelheit auch leuchten konnten. Außerdem hatte er mit seinem Hänger Tische, Bänke, einen Grill und eine große Feuerschale gebracht, in der sie ein Lagerfeuer machen würden.

Als die Dämmerung über dem Wald hereinbrach,

ritt Miri zum Tannenhof zurück, um ihre Eltern und Fiete zu holen. Jule und Fiona blieben auf der Lichtung, um die Gäste in Empfang zu nehmen. Miri war so gespannt, was ihre Eltern zu der Überraschung sagen würden. Sie hatte ihnen schon vor Tagen Bescheid gegeben, dass sie sich den Abend freihalten mussten, und sich mehrmals fast verplappert.

Jetzt saßen Herr und Frau Tanner erwartungsvoll in der Küche, neben ihnen der aufgeregte Fiete.

»Sag endlich! Was machen wir denn?«, fragte er und wippte auf seinem Platz auf und ab.

»Das verrate ich euch nicht!«, sagte Miri lachend. »Zieht euch warm an und kommt mit mir nach draußen!«

Fiete war als Erster im Hof und rief: »Juchu, wir fahren Schlitten!«

»Wir fahren Schlitten?« Herr Tanner warf einen Blick durch die Haustür.

Miri grinste. »Ja, Pferdeschlitten!«

Diesen Einfall hatte sie am Nachmittag gehabt, denn irgendwie musste ihre Familie ja auf die Waldlichtung kommen.

Nun standen Odin und die Stute Aska vor den Schlitten gespannt im Hof und scharrten erwartungsvoll mit den Hufen.

»Bitte einsteigen!«, sagte Miri und machte eine kleine Verbeugung.

»Jetzt bin ich aber wirklich gespannt, wo es hingeht«, sagte Frau Tanner und nahm auf der Sitzbank Platz. Miri wartete, bis auch Fiete und ihr Papa es sich gemütlich gemacht hatten, und setzte sich dann vorne auf den Schlittenbock.

»Los geht's!«, rief sie und schnalzte mit der Zunge. Odin und Aska setzten sich in Bewegung.

Die Kufen glitten über den Schnee, und sie fuhren in den verschneiten Winterwald hinein. Es war gerade noch so hell, dass Miri den Weg erkennen konnte. An den Seitenwänden des Schlittens waren kleine Glöckchen befestigt, die nun fröhlich im Takt der trabenden Pferde bimmelten.

»Jingle bells, jingle bells«, begann Frau Tanner plötzlich zu singen.

»Jingle all the way«, stimmte Miris Papa mit ein, und dann sangen sie alle.

Miri strahlte. So ausgelassen hatte sie ihre Familie schon lange nicht mehr erlebt.

Kurz bevor sie auf der Lichtung ankamen, machte Miri »Brr!« und brachte die Pferde zum Stehen. Sie drehte sich auf dem Kutschbock um und sagte: »Jetzt müsst ihr die Augen zumachen!«

Herr Tanner zog eine Augenbraue nach oben. »Na gut. Das wird ja immer geheimnisvoller!«

Fiete presste sich die Hände vors Gesicht, aber Miri sah genau, dass er durch die Finger hindurchguckte. Sie hätte es wahrscheinlich genauso gemacht.

Die Pferde nahmen wieder Fahrt auf, und Miri konnte nun in der Ferne die erleuchtete Waldlichtung sehen. Als sie darauf zusteuerten, tönte ein lautes »Überraschung!« von allen Seiten.

Miri war selbst erstaunt, wie feierlich die Lichtung aussah. Die Lichterketten funkelten in der Dunkelheit, in der Mitte loderte das Lagerfeuer, und der Geruch von Punsch stieg ihr in die Nase. Um sie herum standen die Einsteller, Reitschüler und Freunde des Tannenhofs. Miri konnte Jochen, Frau Westermann und den alten Feddersen erkennen.

Jule und Fiona liefen auf den Schlitten zu und riefen: »Herzlich willkommen zur Tannenhof-Weihnachtsfeier!«

Miris Eltern sahen sich mit großen Augen an. »Aber … wir …«, stotterte Frau Tanner. »Wir haben doch die Einladungskarten gar nicht verschickt!«

»Das haben wir gemacht«, sagte Miri und kicherte. »Und wir haben allen gesagt, dass sie euch nichts verraten dürfen. Es sollte doch eine Überraschung sein.«

Frau Tanner kletterte aus dem Schlitten und ging zu Miri, Fiona und Jule. Dann drückte sie die drei fest an sich. »Das ist so lieb von euch, vielen Dank!«

Auch Herr Tanner und Fiete stiegen aus.

»Ich kann gar nicht glauben, dass ihr das organisiert habt«, sagte Miris Papa. »Wir fanden es so traurig, dass die Weihnachtsfeier in diesem Jahr nicht stattfinden soll, und jetzt habt ihr das ganz alleine auf die Beine gestellt.«

»Na ja, wir hatten schon ein bisschen Hilfe«, sagte Miri und zwinkerte Jochen zu.

Jochen räusperte sich. »Wir alle hier möchten euch noch sagen, dass wir den Tannenhof so gut es geht unterstützen werden. Ihr macht gerade eine schwere Zeit durch, aber ihr sollt wissen, dass ihr damit nicht alleine seid!«

Miri sah zu ihren Eltern. In den Augen ihrer Mutter glitzerten Tränen der Rührung, und auch Herr Tanner musste mehrmals schlucken.

Jochen holte einen Umschlag aus seiner Jackentasche. »Wir haben ein bisschen Geld gesammelt und möchten euch hiermit schon mal ein Vorweihnachtsgeschenk überreichen. Damit könnt ihr zwar keine neue Reithalle bauen, aber es soll euch über die nächsten Wochen hinweghelfen.«

Die Gäste um sie herum klatschten, und über Frau Tanners Wangen rannen nun tatsächlich Tränen.

»Danke«, sagte sie und tupfte sich mit dem Jackenärmel das Gesicht trocken. »Und jetzt lasst uns feiern, sonst brechen bei mir noch alle Dämme!«

Es wurde ein wunderschöner Abend. Sie sangen die Weihnachtslieder, die die Mädchen herausgesucht hatten, Fiete sagte ganz selbstbewusst ein Nikolausgedicht auf, und die freiwillige Feuerwehr hatte ein lustiges Krippenspiel einstudiert.

Später saßen alle um die Feuerschale herum, aßen Bratwürstchen, tranken Punsch und unterhielten sich.

»Ach Miri, was ich dir noch erzählen wollte«, sagte Jochen, der ein Marshmallow auf einen Stock gespießt hatte und es röstete. »Letztens war doch Luise bei dir, um sich euren zugelaufenen Kater anzusehen.«

Miri nickte. Ja, das war die Frau mit dem roten Mantel und den Ohrenschützern gewesen.

»Inzwischen hat sie ihr Paulchen wiedergefunden. Er war in einen Lieferwagen gehüpft und bis nach München mitgefahren. Es hat eine Weile gedauert, bis der Fahrer Luise ausfindig gemacht hat, aber jetzt sind sie wieder vereint.«

»Oh, wie schön!«, sagte Miri. Sie schmiegte sich an ihre Mutter und war in diesem Moment einfach nur glücklich. Die Überraschung mit der Weihnachtsfeier war ein voller Erfolg, und ihre Eltern konnten zumindest für einen Abend ihre Sorgen vergessen.

Miri schaute in das prasselnde Feuer, blickte den

Rauchschwaden hinterher, die in den dunklen Himmel aufstiegen, und beobachtete die springenden Funken. Da tippte jemand auf Miris Schulter. Sie drehte sich um. Hinter ihr standen Fiona und Jule.

»Miri, es gibt keine sauberen Tassen mehr«, sagte Fiona. »Sollen wir schnell auf den Hof reiten und welche holen?«

Miri schüttelte den Kopf. »Wir haben doch noch einige im Hexenhäuschen. Die können wir nehmen.« Sie stand auf. »Ich komme mit!«

Die Freundinnen knipsten ihre Taschenlampen an und liefen den kurzen Waldweg entlang, der zum Hexenhäuschen führte.

Ihre Schuhe knirschten im Schnee, über ihnen knackten die Zweige, und irgendwo konnte Miri einen Waldkauz rufen hören.

Das Hexenhäuschen stand verlassen und dick eingeschneit zwischen den Bäumen. Im Mondschein wirkte es tatsächlich so, als könnte dort eine schaurige, alte Hexe hausen. Miri wischte das Bild aus ihrem Kopf. Wenn man in einem finsteren Wald stand, waren gruselige Gedanken nicht besonders hilfreich.

Doch plötzlich hielt sie inne. Für einen kurzen Moment hatte sie geglaubt, einen Lichtschein im Fenster des Hexenhäuschens gesehen zu haben.

Nein, da war nichts. Wahrscheinlich war es nur die Lichtreflexion ihrer eigenen Taschenlampe gewesen.

Aber im nächsten Moment war das Licht wieder da! Miri hielt Jule und Fiona an den Armen fest und flüsterte: »Ich glaube, da ist jemand im Hexenhäuschen!«

»Vielleicht wollte sich eines der Reiterkinder mal hier umsehen?«, überlegte Fiona.

Jule kicherte. »Oder jemand dachte, das wäre unser Klohäuschen.«

»Ja, vielleicht«, murmelte Miri. Für den Lichtschein im Hexenhäuschen konnte es eine ganz einfache Erklärung geben. Trotzdem hatte sie ein ungutes Gefühl im Bauch.

Die Mädchen machten ihre Taschenlampen aus. Da sie so oft hier waren, hätten sie den Weg ins Hexenhäuschen auch mit verbundenen Augen gefunden.

Miri drückte die Türklinke hinunter. Dann stürmten die Freundinnen hinein und knipsten ihre Taschenlampen wieder an.

»Hallo! Wer ist denn da?«, fragte Miri. Sie leuchtete in die Ecken und hielt den Atem an, als sie sah, wer da mit ihrem geheimen Kästchen am Boden kniete.

Rätsel 20

Halte die Buchseite vor einen Spiegel, und du erfährst, wer in das Hexenhäuschen eingebrochen ist.

Kapitel 21

»Herr Feddersen?«, rief Miri. Die Taschenlampe in ihrer Hand zitterte. Was hatte das zu bedeuten? Woher wusste er von ihrem geheimen Kästchen?

»Ich kann euch das alles erklären«, sagte Feddersen leise. Seine Stimme klang rau.

»Da bin ich aber mal gespannt!« Jule sah den alten Mann zornig an. »Wollten sie uns beklauen?«

»Ja …«, stammelte Feddersen. »Aber nicht wirklich. Ich hätte euch doch alles wieder zurückgegeben. Ehrlich!«

»Wie wäre es, wenn wir uns alle an den Tisch setzen, und Sie erzählen uns, was los ist«, schlug Fiona vor.

Miri bewunderte ihre Freundin. Selbst in den aufregendsten Situationen blieb sie immer ruhig.

Sie zündeten einige Kerzen an. Die Schatten der Flammen tanzten an den Wänden. Feddersen saß mit hängenden Schultern auf der Bank und starrte auf den Tisch. Der alte Mann sah müde und traurig aus.

»Also«, sagte Jule. Sie hatte die Arme vor der Brust verschränkt und blickte Feddersen mit gerunzelter Stirn an. »Wie haben Sie das mit dem Schatz herausgefunden?«

Feddersen atmete tief ein. »Vor ein paar Tagen habe ich gehört, wie ihr euch im Burghof darüber unterhalten habt. Das Gerücht, dass Elise Tanner einen sagenumwobenen Wikingerschatz aus Island mitgebracht hat, wird seit Generationen erzählt. Wie viele andere hatte auch ich schon erfolglos danach gesucht. Aber als ihr darüber geredet habt, war ich mir sicher, dass ihr auf einer ganz heißen Spur seid.«

»Woher wussten Sie denn, dass sie nach dem springenden Isländer suchen müssen?«, fragte Fiona.

»Jule hat doch diesen Zettel im Burghof in den Mülleimer geworfen«, antwortete Feddersen. »Ich hab ihn herausgefischt und das Rätsel gelöst. Das Bild vom springenden Isländer kannte ich natürlich. Ich wollte es deiner Mutter schon des Öfteren abkaufen, Miri. Und diesmal hat sie einem Verkauf zugestimmt. Leider konnte ich mit dem Gemälde allein nichts anfangen. Ich wusste ja nicht, wonach ich suchen sollte. Aber dann seid ihr in meinen Laden gekommen und habt euch über das geheime Kästchen und den Zahlencode unterhalten. Ich hatte die Hoffnung, dass ihr es hiergelassen habt, damit ich …«

»Damit Sie es stehlen können«, beendete Miri den Satz. Es war für sie unbegreiflich, dass dieser nette, alte Mann ein Dieb war. »Warum haben Sie das gemacht?«, fuhr sie ihn an. »Sie wissen doch, wie schlecht es um den Tannenhof steht. Wir brauchen den Schatz, damit wir unsere Reithalle wieder aufbauen können. Meine Eltern müssen fast alle unsere Pferde verkaufen!«

»Es tut mir so leid.« Ein dunkler Schatten legte sich über das Gesicht des alten Feddersen. »Oskar, mein Hund … er ist krank und musste operiert werden. Inzwischen geht es ihm schon viel besser, aber die Operation und die Nachbehandlung waren sehr, sehr teuer. Meine ganzen Ersparnisse sind schon aufgebraucht, und trotzdem reicht es nicht. Die Tierklinik gibt mir Oskar nicht zurück, solange ich die Rechnung nicht beglichen habe. Wenn ich das Geld nicht bald auftreibe, könnte es passieren, dass Oskar an einen anderen Besitzer vermittelt wird. Wisst ihr, ich hab niemand anderen mehr als Oskar. Und wenn er weg wäre …« Feddersen brach ab und vergrub das Gesicht in seinen Händen.

Die ganze Wut, die in Miris Bauch gebrodelt hatte, löste sich in Luft auf. Stattdessen tat ihr der alte Fed-

dersen schrecklich leid. Oskar war so ein lieber Hund, und die beiden gehörten einfach zusammen!

Wenn Miri reich wäre… Sie hätte dem alten Feddersen sofort das Geld gegeben, damit er sich Oskar zurückholen konnte.

Feddersen stand auf. »Gehen wir zu deinen Eltern, dann könnt ihr ihnen erzählen, dass ich euch bestehlen wollte, und die Polizei verständigen.«

Miri schüttelte den Kopf. »Nein, meine Eltern wissen doch gar nicht, dass wir auf Schatzsuche sind. Und die Polizei holen wir auf keinen Fall.«

»Genau«, sagte Jule. »Sie haben das ja nur gemacht, um Oskar zurückzubekommen.«

Fiona nickte zustimmend.

»Ihr seid schwer in Ordnung«, sagte der alte Feddersen dankbar. »Das Bild bringe ich euch morgen Vormittag vorbei. Vielleicht habt ihr ja Glück und findet damit den Schatz.«

Sie verließen das Hexenhäuschen, und Feddersen stapfte durch den Wald Richtung Tannenhof, wo er seinen Lieferwagen geparkt hatte.

Die Freundinnen gingen nachdenklich zur Weihnachtsfeier zurück.

»Ich würde Feddersen so gerne helfen«, sagte Fiona schließlich. »Wenn wir doch nur etwas tun könnten!«

Miri blieb stehen. Ihr war gerade eine Idee gekommen. Aber ob diese funktionieren würde?

Zurück am Lagerfeuer, zupfte Miri ihre Eltern an den Jackenärmeln. »Ich muss mal kurz mit euch reden!«

Sie zog die beiden mit sich an den Waldrand. Herr und Frau Tanner sahen Miri verwundert an.

Miri räusperte sich. Das, was sie sagen wollte, war gar nicht so leicht auszudrücken.

»Uns geht es zwar momentan nicht so gut«, begann sie. »Aber trotzdem gibt es immer noch Menschen, die in viel größerer Not sind, oder?«

»Ja!« Herr Tanner nickte.

»Und ihr findet bestimmt auch, dass man diesen Leuten helfen sollte? Besonders in der Weihnachtszeit.«

Frau Tanner runzelte die Stirn. »Jetzt musst du uns schon verraten, auf was du hinauswillst.«

Miri holte tief Luft und erzählte von Oskars Operation und dem verzweifelten Feddersen.

»Die anderen haben doch Geld für uns gesammelt und es uns gegeben, weil wir eine schwere Zeit durchmachen. Das hat Jochen gesagt. Aber ich glaube, der alte Feddersen braucht das Geld gerade viel dringender als wir. Er ist ganz allein und hat niemanden mehr. Können wir ihm das Geld geben, damit er Oskar aus der Tierklinik holen kann? Bitte!« Miri blickte ihre Eltern voller Hoffnung an.

Die sagten gar nichts.

Miri musste wieder an den Schatz denken. »Wir finden bestimmt eine Lösung für den Tannenhof und die Pferde«, sagte sie zuversichtlicher, als sie sich fühlte.

Ihre Eltern schwiegen noch immer, die Gesichter waren ernst, und Miri ließ den Kopf hängen. Zumindest hatte sie es versucht …

Doch dann begannen sie fast zeitgleich zu lächeln. »Was haben wir nur für eine unglaubliche Tochter!«, sagte Herr Tanner. »Das Herz so groß, dass die ganze Welt darin Platz hat.«

Frau Tanner drückte Miri einen Kuss auf die Stirn.

Sie gingen zum Lagerfeuer. Herr Tanner nahm seine Punschtasse und klopfte mit einem Löffel dagegen. Sofort verstummten die Gespräche um sie herum, und alle sahen neugierig zu Miri und ihren Eltern.

»Ich habe gerade erfahren, dass ein Freund, den wir alle sehr schätzen, in Not geraten ist«, sagte Herr Tanner. »Darum möchte ich fragen, ob es für euch in Ordnung wäre, wenn wir ihm das Geld geben, das ihr für uns gesammelt habt. Ich weiß, dass das eine außergewöhnliche Bitte ist, aber uns wäre es wirklich wichtig!«

Die Gäste machten große Augen. Einige tuschelten miteinander. Dann stand Jochen auf und sagte: »Das sind unsere Tanners! Ich hoffe, dass ich jetzt für alle spreche: Gebt das Geld gerne weiter. Es ist in unserem Sinne, wenn ihr jemandem damit helfen könnt.« Die anderen Gäste stimmten Jochen zu, und schließlich begannen alle zu klatschen und zu jubeln.

Miris Herz wurde ganz weit. Feddersen würde seinen Oskar zurückbekommen!

Herr Tanner drückte Miri den Umschlag mit dem Geld in die Hand. »Dann reitet dem alten Feddersen mal hinterher. Vielleicht erwischt ihr ihn noch.«

Miri, Fiona und Jule holten ihre Pferde, die sie am Waldrand angebunden hatten, und trabten durch den dunklen Winterwald. Der Mond war inzwischen hinter den Wolken hervorgekommen und leuchtete ihnen den Weg.

Als sie den Tannenhof erreichten, sahen sie Feddersen, der gerade in seinen Lieferwagen steigen wollte.

»Herr Feddersen!«, rief Miri. »Warten Sie!«

Feddersen drehte sich verwundert um. Die Mädchen saßen von ihren Pferden ab, und Miri gab ihm den Umschlag in die Hand. »Da ist Geld für Oskar drinnen. Von meinen Eltern und allen Freunden des Tannenhofs.«

Der alte Feddersen schluckte. Im Schein der Hoflaterne konnte Miri sehen, dass eine Träne der Rührung in seinen Augen glitzerte.

»Holen Sie sich Oskar wieder zurück«, sagte Jule.

Fiona lächelte. »Bestimmt vermisst er sie schon ganz schrecklich!«

Rätsel 21

Feddersen und Oskar sind wieder vereint. Verbinde die Zahlen, und du kannst die beiden zusammen sehen.

Kapitel 11

Am nächsten Morgen kam Miri verschlafen in die Küche.

Im Radio lief ein rockiges Weihnachtslied. Draußen vor dem Fenster tanzten ein paar Schneeflocken.

Miris Eltern saßen am Frühstückstisch und unterhielten sich leise. Fiete war nicht da. Wahrscheinlich lag er noch im Bett.

»Guten Morgen«, sagte Miri und goss sich Kakao in ihre Tasse.

»Guten Morgen. Na, hast du gut geschlafen?«, fragte Herr Tanner.

Miri nickte und gähnte dabei.

Frau Tanner reichte ihr den Brotkorb, und Miri nahm sich ein Schokohörnchen heraus. Ihr Blick wanderte zum Adventskalender. Heute war schon der 22. Dezember. In zwei Tagen war Weihnachten. Durch die Schatzsuche und die Planung der Weihnachtsfeier hatte sie gar nicht richtig gemerkt, wie schnell die Zeit verflogen war.

»Hörst du mir zu, Miri?«

»Hm?« Miri sah zu ihrer Mutter.

»Wir sind dann im Büro. Kannst du den Tannenbaumverkauf betreuen?«

Miri hatte zwar nicht alles mitbekommen, sagte aber trotzdem: »Klar, mach ich!«

Eine halbe Stunde später stand sie vor der Scheune. Heute würde es noch mal einen großen Ansturm auf den Tannenhof geben. Viele Leute kauften ihren Weihnachtsbaum erst kurz vor dem Heiligen Abend, weil sich die Tanne dann länger im Haus hielt und nicht so viele Nadeln verlor.

Auch Jule und Fiona waren schon zur Stelle. Sie wollten Miri beim Verkauf helfen und dabei sein, wenn Feddersen das Bild brachte.

Als Miri gerade einem Mann beratend zur Seite stand, der einen exakt ein Meter fünfundfünfzig großen Tannenbaum haben wollte, hörte sie Stimmen vor dem Stall. Sie blickte hinüber und sah Hannah und Merle, die Sigur und Tinni sattelten.

»Ich bekomme Tinni! Das war so abgemacht!«, rief Hannah so laut, dass die braune Stute zurückwich.

Merle stemmte die Hände in die Hüften. »Nein, die will ich. Sigurs Farbe gefällt mir nicht! Außerdem finde ich seinen Namen doof. Wieso kann er nicht Rainbow oder Champion heißen?«

Miri spürte, wie es in ihrem Bauch zu brodeln begann. Es war eine sehr lange Tradition, dass man einem

Isländer einen isländischen Namen gab. Sigur bedeutete »der Beschützer«, und genau das war der kleine Wallach auch: ein treuer Begleiter, auf den man sich immer verlassen konnte. Eigentlich war er viel zu gut für Merle und Hannah.

»Gib sie mir jetzt sofort, sonst sag ich es Papa!«, keifte Merle und zog ziemlich grob an Tinnis Halfter.

Auch Hannah wurde nun lauter. »Du bist eine richtig blöde Gans!«

Tinni war das alles nicht mehr geheuer. Sie tänzelte auf der Stelle und wieherte.

Miri sagte dem Mann, dass sie gleich zurück sei, und ging dann zum Stall. Beruhigend tätschelte sie Tinnis Hals: »Ho, meine Süße. Nicht aufregen!« Dann wandte sie sich an die Zwillinge. »Merkt ihr nicht, dass die Pferde von eurer Streiterei nervös werden? Wenn ihr so weitermacht, geht euch Tinni noch durch!«

»Du hast uns gar nichts zu sagen«, sagte Hannah mit einem hämischen Unterton. »Unser Papa ist gerade bei deinen Eltern, und sie unterschreiben den Vertrag für die Pferde. Dann gehören alle uns!«

»Was?« Miri riss vor Schreck die Augen auf. »Die Pferde werden heute schon verkauft?«

Ihre Eltern hatten ihr gar nichts davon erzählt. Oder

vielleicht doch? Beim Frühstück war sie so in Gedanken versunken gewesen, dass sie ihrer Mutter nicht zugehört hatte. Das war ja eine schöne Bescherung! Miri hatte nicht gedacht, dass das alles so schnell gehen würde. Herr König wollte die Pferde doch erst im Januar mitnehmen. Bis dahin wäre noch genug Zeit gewesen, um den Verkauf zu verhindern. Wenn der Vertrag unterzeichnet war, gab es kein Zurück mehr. Dann mussten Sigur, Tinni und die anderen Pferde an die Ostsee und ihr Leben mit den schrecklichen Zwillingen verbringen.

Nein, das konnte Miri ihren Lieblingen auf keinen Fall antun! Wenn es noch nicht zu spät war, musste sie den Verkauf verhindern! Sie lief über den Hof, ins Haus hinein, und stürmte, ohne anzuklopfen, in das Büro.

Herr König saß in einem schicken Anzug gegenüber von ihren Eltern am Schreibtisch und rührte in einer Kaffeetasse.

»Habt ihr den Vertrag schon unterschrieben?«, fragte Miri und rang gleichzeitig nach Atem.

»Was soll denn das, Miri?« Frau Tanner blickte ihre Tochter streng an. »Wir sind hier mitten in einer wichtigen Besprechung.«

»Entschuldigung«, sagte Miri. »Sind die Pferde verkauft?«

Herr Tanner schüttelte den Kopf. »Nein, wir waren gerade dabei, die Vertragspunkte durchzugehen.«

Miri seufzte. »Bin ich froh!«

Frau Tanner sah sie fragend an. »Was ist denn los?«

»Also … äh …« Miri suchte fieberhaft nach einem Grund, der den Verkauf hinauszögern konnte. Ihr Blick fiel auf Papas Nikolausmütze, die am Aktenschrank hing, und sie sagte: »Weil ich es schön fände, mit den Pferden im Stall Weihnachten zu feiern. So eine Art Abschlussfest. Da wäre es doch blöd, wenn sie uns schon gar nicht mehr gehören würden.«

Herr König lachte wie ein Ziegenbock und klopfte ungeduldig mit seinem Füller auf den Tisch. Von rührseligen Abschieden hielt er offensichtlich nicht viel.

Doch Frau Tanner lächelte. »Ach Miri, ein Weihnachtsfest mit den Pferden ist eine sehr schöne Idee. Was meinst du, Henning?«

Herr Tanner wiegte den Kopf hin und her. »Na gut, einverstanden. Die Pferde waren so lange unsere treuen Gefährten, da haben sie einen würdigen Abschied verdient!«

Herr König zupfte an seiner Krawatte. Dann räusperte er sich. »Es wäre mir wirklich ganz recht, wenn wir die Sache heute unter Dach und Fach bringen würden. Ihr Fest können Sie selbstverständlich trotzdem mit den Pferden veranstalten.« Er hielt Herrn Tanner seinen Füller hin, doch der winkte ab.

»Ehrlich gesagt, möchte ich mir den Vertrag gerne

noch in Ruhe durchlesen. Machen wir es doch so: Sie unterschreiben jetzt, und ich werfe ihnen den Vertrag am 25. Dezember in den Briefkasten.«

Miri jubelte innerlich, und sie war sich sicher, ein leises Zähneknirschen von Herrn König zu hören.

Herr Tanner lächelte Miri spitzbübisch an. »Und bevor du fragst, Miri: Jule und Fiona sind mit ihren Familien natürlich auch eingeladen!«

Jule und Fiona waren begeistert, Weihnachten in diesem Jahr auf dem Tannenhof zu feiern. »Aber meint ihr nicht, dass eure Eltern etwas dagegen haben?«, fragte Miri vorsichtig.

»Mama findet die Idee bestimmt schön«, sagte Fiona. »Wir sind in diesem Jahr nämlich ganz alleine am Heiligabend. Meine Großeltern haben eine Grippe und können nicht kommen.«

»Meine Eltern kann ich sicher auch überreden«, sagte Jule. »Die sind beim Kochen des Weihnachtsessens immer total gestresst. Wenn ich vorschlage, dass wir das übernehmen, sind sie sofort dabei!«

In diesem Moment rollte ein blauer Lieferwagen auf den Hof.

»Feddersen!«, rief Miri.

Auch Bruno hatte das Auto entdeckt und kam freudig angelaufen. Der alte Feddersen stieg aus und winkte den Mädchen. »Seht mal, wen ich dabeihabe!« Er deu-

tete auf seinen Beifahrersitz. Dort saß Oskar, der bellte, als er die Freundinnen sah.

Feddersen strahlte über das ganze Gesicht. »Ich habe Oskar gleich heute Morgen aus der Klinik abgeholt. Er muss sich noch ein bisschen schonen, aber der Arzt hat gemeint, dass er bald wieder der Alte sein wird.«

»Wie schön«, sagte Fiona.

Jule kicherte. »Ein richtiges Happy End!«

Feddersen ging zur hinteren Tür seines Lieferwagens und öffnete sie. Er holte das Bild mit dem springenden Isländer heraus, das in eine Decke gewickelt war, und gab es Miri. »Viel Glück! Ich drücke euch die Daumen, dass ihr den Schatz findet und eure Pferde retten könnt. Falls ihr dabei Hilfe braucht, könnt ihr euch jederzeit bei mir melden.«

Feddersen und Oskar fuhren davon, und die Freundinnen warteten, bis Miris Eltern den Weihnachtsbaumverkauf übernahmen. Dann gingen sie mit dem Bild des springenden Isländers in Miris Zimmer, um es zu untersuchen.

Zuerst tasteten sie den Rahmen ab. Vielleicht steckte dort ein Zettel mit dem Zahlencode? Nein. Im Holz war auch nichts eingeritzt.

»Wo kann man in einem Bild denn noch etwas verstecken?«, fragte Miri und knabberte an ihrem Fingernagel.

Jule betrachtete das Bild schweigend. Dann lehnte sie es an die Wand und ging nachdenklich ein Stück zurück.

Plötzlich erhellte sich ihre Miene. »Ich glaube, es ist wie eine optische Täuschung. Man kann die Zahlen nicht auf den ersten Blick erkennen. Kommt mal her, dann seht ihr sie!«

Rätsel 22

Finde die versteckten Zahlen im Gemälde und schreibe sie von links nach rechts in die Lösungszeile.

Lösung: ....

Kapitel 13

Wie hatte Miri die Zahlen nur die ganzen Jahre übersehen können? Es war eigentlich unvorstellbar, sie *nicht* zu bemerken.

»Das liegt an unserem Gehirn«, erklärte Jule. »Ich habe mal gelesen, dass der Kopf immer nur das sieht, was er schon kennt.« Sie grinste. »Und bisher war da eben einfach nur ein springender Isländer!«

Miri, Jule und Fiona liefen in den Stall, sattelten ihre Pferde und ritten zum Hexenhäuschen. Als sie dort ankamen, holten sie das Kästchen unter der Bodendiele hervor, wo sie es am Abend zuvor wieder versteckt hatten.

Vorsichtig drehte Miri die Zahlen auf dem Schloss in die richtigen Positionen: *2741*.

Mit zitternden Fingern hob sie den Deckel an. Was war, wenn er immer noch festsaß?

Doch er ließ sich ohne Weiteres öffnen. Gespannt starrten die Freundinnen in das Kästchen. Auf einem blauen Samttuch lag ein eingerolltes Papier. Jule nahm es heraus und löste die Schnur. Die Zeilen waren in einer geschwungenen Schrift geschrieben.

»*Du bist fast da! Der Schatz ist ganz nah*«, las Jule.

Miris Herz schlug so schnell, dass sie glaubte, es würde gleich aus ihrer Brust heraushüpfen. »Wir haben den Schatz gefunden«, flüsterte sie.

Vorsichtig schlug Miri den Stoff zur Seite. Alle drei Mädchen hielten den Atem an. Was würde wohl darunter sein? Eine riesige goldene Münze oder eine mit Edelsteinen besetzte Kette? Doch nichts davon war in dem Kästchen sehen.

Jule kratzte sich verwirrt am Kopf. »Äh ... Was sind das? Christbaumkugeln?«

»Hm ... sieht ein bisschen danach aus«, sagte Fiona.

Miri nahm eine dunkelrote Kugel heraus. Sie war federleicht und so glänzend, dass sich ihr Gesicht darin spiegelte. Allerdings hatte sie auch schon einige Kratzer abbekommen. Na toll! So viele Stunden hatten sie damit verbracht, Elises Rätsel zu lösen – und alles, was sie dafür bekamen, war alter Christbaumschmuck? Am liebsten hätte Miri die Kugeln gegen die Wand geschmettert.

»Das war's dann wohl!« Jules Stimme war voller Enttäuschung. »Rote Christbaumkugeln sind vielleicht zu Elises Zeit der Knaller gewesen, aber heute bekommt man sie in jedem Supermarkt. Ein Schatz ist das nicht.«

Miri nickte. »So was Blödes.«

»Jetzt wartet doch mal«, sagte Fiona nachdenklich. »Ich denke nicht, dass die Kugeln der Schatz sind.«

»Nicht?« Miri sah sie fragend an.

»Nein«, antwortete Fiona. »Schau dir die Kugeln mal genau an. Da sind ganz feine Linien eingeritzt.«

Miri betrachtete die rote Kugel in ihrer Hand. Das, was sie für Kratzer gehalten hatte, waren gar keine Beschädigungen. Es waren Buchstaben! Nein, ganze Wörter!

Stöhnend ließ Miri den Kopf hängen. Hörte das mit den Rätseln denn niemals auf?

Die Mädchen legten die Kugeln so nebeneinander, dass alle eingeritzten Wörter nach oben zeigten.

»*Das Glück liegt dir zu Füßen*!«, las Miri vor. »Was soll denn das nun wieder heißen?«

Fiona zuckte mit den Schultern.

»Hätte Elise den letzten Hinweis auf den Schatz nicht ganz deutlich beschreiben können?«, sagte Jule. »So was wie: *Grabe im Blumenbeet vor der Haustür*?. *Das Glück liegt dir zu Füßen* kann alles bedeuten. Vielleicht ist der Schatz unter dem Kopfsteinpflaster im Hof vergraben oder unter den Wohnzimmerdielen versteckt.«

Miri sah ihre Freundinnen durchdringend an: »Wir haben bis zum 25. Dezember Zeit, das Rätsel zu lösen. Dann bringt mein Papa Herrn König den Vertrag für die Pferde, und sie sind für immer verloren. Wir müssen uns jetzt richtig anstrengen!«

Doch sie kamen nicht auf die Lösung. Zumindest eine gute Nachricht gab es aber: Fionas Mutter und Jules Eltern hatten tatsächlich zugestimmt, auf dem Tannenhof Weihnachten zu feiern.

Am 23. Dezember steckten die Freundinnen also mitten in den Vorbereitungen für das Weihnachtsfest. Nach dem Mittagessen begannen sie mit dem Dekorieren. Zuerst befestigte Miri an der Außenwand des Pferdestalls eine Lichterkette, die sie um das Tannerwappen herumschlang. Dann ging sie zu Fiona und Jule in den Stall, die gerade Tische für das Weihnachtsessen aufgestellt hatten.

Die Pferde sahen neugierig zu, wie die Mädchen den Stall mit Papiersternen und Lichtern schmückten.

»Hey, das kann man nicht essen!«, rief Jule, als Skotti versuchte, sich einen Stern von der Wand zu klauen. »Du musst brav sein, dann bekommst du morgen vielleicht auch ein Weihnachtsgeschenk!«

»Einen Sack voll Hafer?«, fragte Fiona kichernd.

»Psst, er darf es doch noch nicht hören!«, rief Jule und hielt Skottis Ohren zu.

Herr Tanner kam in den Stall. »Oh, hier sieht es ja schon richtig festlich aus! Hoffentlich bestehen die Pferde nicht auf eine ganzjährige Dekoration.«

»Quatsch!« Miri knuffte ihren Papa in die Seite. »Wir wollen es eben besonders hübsch machen.«

»Das verstehe ich doch«, sagte Herr Tanner und lächelte seine Tochter an. »Wollt ihr mit in den Wald kommen und einen Weihnachtsbaum aussuchen?«

Jule machte große Augen. »Habt ihr noch gar keinen?«

»Nein«, sagte Miri und lachte. »Wir holen unseren eigenen Baum immer erst einen Tag vor Weihnachten aus dem Wald. Das ist eine Tanner-Tradition.«

Herr Tanner fuhr mit dem Traktor schon zur Tannenplantage vor. Die Mädchen sattelten ihre Pferde und ritten hinterher. Die Luft roch nach Schnee. Miri stellte sich vor, wie schön es wäre, wenn morgen an Weihnachten die Schneeflocken um den Stall herumtanzen würden. Gleichzeitig spürte sie dieses aufgeregte Kribbeln in sich. *Das Glück liegt dir zu Füßen!* Immer wieder schob sich der Spruch in ihre Gedanken. Sie wusste, dass die Lösung zum Greifen nah war.

Im Wald suchten sich die Freundinnen den allerschönsten Weihnachtsbaum aus. Er war hochgewachsen und hatte buschige Zweige. »Der ist perfekt!«, rief Jule.

Fiona lächelte glücklich. »Ich hab noch nie einen Baum direkt aus dem Wald geholt. Normalerweise kaufen wir ihn immer bei euch auf dem Hof. So macht es viel mehr Spaß!«

Sie luden den Baum auf den Traktoranhänger und brachten ihn auf den Tannenhof. Dort sägte Herr Tanner den Stamm so zurecht, dass er in den Christbaumständer passte. »Ein bisschen groß geraten«, sagte Herr Tanner, als er die buschige Tanne inmitten des Stalls betrachtete.

»Ach was!« Miri grinste. »Die Tanne ist genau richtig. Wir müssen nur darauf achten, dass die Pferde nicht an die Äste herankommen. Sonst haben wir morgen nur noch einen halben Baum.«

Tatsächlich waren die Pferde schon von dem würzigen Duft der Tannenzweige angelockt worden und reckten neugierig ihre Hälse.

»Das ist leider nichts für euch«, sagte Jule streng.

»Aber damit ihr nicht leer ausgeht, bekommt jeder eine Karotte von mir.«

Miri holte den Weihnachtsschmuck aus dem Keller, und sie begannen, den Baum mit Kugeln, Strohsternen und Lametta zu behängen. Auch die kleinen Holzpferde des alten Feddersens fanden ihren Platz. Als sie fertig waren, betrachteten sie zufrieden den Baum.

Miri legte den Kopf schief. »Eine Sache fehlt noch!« Sie lief ins Haus und kam mit dem kleinen Kästchen zurück. »Elises Kugeln will ich auch noch an den Baum hängen.«

Sie verteilten die sechs roten Kugeln an den Zweigen, doch auch jetzt offenbarten sie ihr Geheimnis nicht.

»Und was machen wir jetzt?«, fragte Jule.

»Kochen!«, antwortete Miri.

»Echt?« Jule stöhnte. »Ich dachte, wir hätten mal kurz Pause. Jetzt weiß ich, warum meine Eltern Weihnachten so anstrengend finden.«

Sie gingen in die Küche und begannen, alles für ihr Weihnachtsessen vorzubereiten. Sie hatten sich überlegt, dass es Fingerfood geben sollte: Käsespießchen, Pizzaschnecken, Mozzarella-Sticks, Kräuterbaguette und als Nachtisch selbst gemachten Schokoladenkuchen. Miris Eltern waren begeistert, dass ihnen die Mädchen in diesem Jahr das Kochen abnahmen.

Nachdem sie am Abend schließlich den letzten Teller

im Kühlschrank verstaut hatten, gingen sie noch einmal in den Stall zurück, um ihren Pferden Gute Nacht zu sagen. Miri betrachtete den Weihnachtsbaum. Er sah einfach wunderschön aus. Doch als sie etwas genauer hinsah, entdeckte sie, dass sich der Baum ein kleines bisschen verändert hatte. Dort hingen einige Dinge, die an einem Christbaum eigentlich nichts verloren hatten.

»Das war bestimmt Fiete«, sagte Miri und begann den Baum abzusuchen »Lasst uns das mal schnell wieder in Ordnung bringen.«

Rätsel 23

Finde die sechs falschen Dinge, die Fiete an den Weihnachtsbaum gehängt hat, und kreise sie ein.

Kapitel 24

Als Miri am nächsten Tag aufwachte, war es draußen noch stockdunkel. Neben ihr lag Rudi auf dem Kopfkissen und schlief. Sie kuschelte sich an ihn und flüsterte: »Heute ist Weihnachten!« Rudi antwortete mit einem zufriedenen Schnurren.

Miri versuchte noch mal einzuschlafen, doch sie war hellwach. Dann eben aufstehen, dachte sie, ging zum Fenster und öffnete es. Die kühle Winterluft strömte herein. Miri ließ ihren Blick über den Hof schweifen. Heute würden die letzten Tannenbäume von Last-Minute-Käufern mitgenommen werden. Dann würde wieder etwas Ruhe auf dem Tannenhof einkehren.

Miri betrachtete die kaputte Reithalle. An den Anblick der fehlenden Tanne konnte sie sich immer noch nicht gewöhnen. Sie hatte eine Lücke hinterlassen, die man nicht mehr füllen konnte, und ihnen so viel Unglück gebracht. Aber gleichzeitig auch eine große Chance gegeben. Schließlich war darunter der erste Hinweis zum Tannerschatz versteckt gewesen. Wenn Miri doch nur endlich die Lösung zum letzten Rätsel einfallen würde!

Sie sah zu den Sternen hinauf, die bald im Licht der

aufgehenden Sonne verblassen würden, und schloss ganz fest die Augen. Heute war Weihnachten, und da konnte man jeden Wunsch in den Himmel schicken. Sie brauchte kein einziges Geschenk, alles, was sie wollte, war, die Pferde und den Tannenhof zu retten.

»Können wir jetzt schon die Geschenke auspacken?«, fragte Fiete beim Frühstück hoffnungsvoll, während er das letzte Türchen des Adventskalenders öffnete.

Herr Tanner stupste Fiete auf die Nasenspitze. »Du weißt doch ganz genau, dass der Weihnachtsmann erst heute Abend kommt.«

»Manno«, murrte Fiete. »Das dauert ja noch soooo lange!«

Die Zeit verging dann doch viel schneller, als Fiete gedacht hatte, und als es draußen zu dämmern begann, machte sich die ganze Familie Tanner hübsch.

Miri tauschte die Reithose gegen eine schwarze Jeans und zog dazu eine karierte Bluse an. Dann band sie Rudi und Bruno rote Schleifen um den Hals.

»Oh, ihr seht so niedlich aus«, sagte Miri. »Kommt, jetzt gehen wir raus in den Hof!«

Miri hüpfte, gefolgt von Bruno und Rudi, die Treppe hinunter. In ihrem Bauch schwoll dieses wunderbare Gefühl an, das man nur an Weihnachten spüren konnte: die Vorfreude auf die Geschenke und das leckere Essen. Das Glück, den Abend mit den Menschen und Tieren verbringen zu können, die man am allerliebsten hatte.

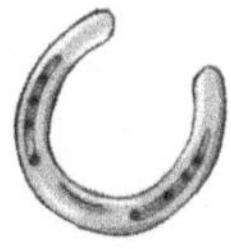

Draußen stand Herr Tanner vor dem Pferdestall und schichtete Holz in der Feuerschale auf.

»Na, bist du schon aufgeregt?«, fragte er Miri. Die wiegte den Kopf hin und her. »Ein kleines bisschen schon. Oder bin ich dafür inzwischen zu alt?«

Herr Tanner schmunzelte. »Ich bin achtunddreißig und jedes Jahr an Weihnachten ganz hibbelig vor Freude. Glaub mir, dafür ist man nie zu alt!«

Er entzündete das Feuer, das knisternd zu brennen begann. Einen Moment später fuhr ein Auto auf den Hof. Es waren Fiona und Frau Johannson.

»Frohe Weihnachten!«, rief Fiona und sprang zur Beifahrertür heraus. Sie trug ein silbrig schimmerndes Kleid und sah damit wie ein Weihnachtsengel aus. Gleich darauf kamen auch die Seiberts. Jule hatte einen Rentierpullover angezogen, der blinken konnte.

»Pass auf, dass wir dich nicht irgendwann mit dem Weihnachtsbaum verwechseln und die Geschenke auf deine Füße legen«, sagte Miri kichernd.

Jule lachte. »Da hätte ich aber gar nichts dagegen.«

Alle stellten sich um das Lagerfeuer, das inzwischen prasselnd loderte. Frau Tanner brachte dampfenden Heidelbeerpunsch und begrüßte die Gäste.

»Wir freuen uns, dass ihr da seid und mit uns Weihnachten feiert!«

»Unsere Töchter hätten uns auch keine andere Wahl gelassen«, antwortete Herr Seibert und knuffte Jule in die Seite. »Herzlichen Dank für die Einladung!«

»Grillen wir jetzt Würstchen am Feuer?«, fragte Fiete. »Dann hol ich mir einen Stock.«

Miri verdrehte die Augen. »Mensch, Fiete, wir haben doch gestern den ganzen Nachmittag das Weihnachtsessen vorbereitet und den Tisch im Stall gedeckt. Hast du das schon wieder vergessen?«

»Ach ja, stimmt«, antwortete Fiete. »Geht's dann jetzt los? Ich hab ein riesiges Loch im Bauch.«

Einen hungrigen Fiete konnten die Mädchen natürlich nicht verantworten. Deshalb gingen sie ins Haus, um das Weihnachtsessen zu holen.

»Hast du noch irgendwas wegen dem Schatz herausgefunden?«, fragte Fiona, die auf ihren Händen vier Teller balancierte.

Miri schüttelte den Kopf. »Nein.«

»Sei nicht traurig«, sagte Jule und nahm einen Krug mit Apfelsaft aus dem Kühlschrank. »Heute ist Weihnachten, und da ist fast alles möglich!«

Endlich saßen die Familien an der schön gedeckten Tafel im Stall. Die Pferde reckten neugierig ihre Hälse. So viele Leute, die bei ihnen aßen, tranken, redeten und lachten, hatten sie wirklich noch nie erlebt.

»Mmmh … ist das lecker«, sagte Jules Mutter und biss in ihr zweites Stück Schokokuchen. »Meinetwegen könnt ihr das Kochen gerne jedes Weihnachten übernehmen.«

»Das kannst du dir ja vom Weihnachtsmann wünschen«, sagte Jule.

Fiete, der schon fertig gegessen hatte und mit Bruno am Boden spielte, sah erwartungsvoll auf. »Was ist mit dem Weihnachtsmann? Kommt er jetzt?«

»Hm …«, machte Herr Tanner. »Könnte schon sein, dass er demnächst bei uns vorbeifliegt. Schaut doch mal drüben bei der Scheune nach. Vielleicht hat er dort schon längst seinen Schlitten geparkt?«

»Oh ja, das machen wir!«, rief Fiete und rannte zum Stall hinaus.

»Dann müssen wir Fiete wohl beim Suchen helfen«, sagte Miri und grinste ihre Freundinnen an.

Sie beobachteten Fiete dabei, wie er in jedem Winkel der Scheune nachsah, ob sich dort der Weihnachtsmann versteckt hatte.

Klingelingeling.

Das helle Läuten eines Glöckchens schallte über den Hof.

»Er ist da!«, rief Fiete. »Schnell, damit wir ihn nicht verpassen!«

Leider war der Weihnachtsmann schon weg, als die vier den Pferdestall wieder erreichten. Doch netterweise hatte er die Geschenke für sie dagelassen. Viele bunte Päckchen lagen unter dem Baum, und Miri konnte auf einigen ihren Namen lesen.

Nacheinander durfte jeder ein Geschenk auspacken.

Jule bekam einen neuen Sattel. Am liebsten wollte sie ihn sofort an Skotti ausprobieren, aber ihre Eltern bestanden darauf, dass sie damit bis zum nächsten Tag warten sollte. Fiona packte eine eigene Nähmaschine aus. »Jetzt muss ich mir endlich nicht mehr deine ausleihen«, rief sie überglücklich und umarmte ihre Mutter.

In Miris erstem Geschenk war die langersehnte neue Reithose. Sie war dunkelgrün und sah richtig schick aus.

Miri lief in die Sattelkammer. Hier hatte sie ihre Geschenke versteckt, die sie den anderen geben wollte. Sie nahm die Kiste mit den Päckchen aus ihrem Spind. Inzwischen waren zwei weitere Geschenke dazugekommen, denn auch für Frau Johannson und Jules Eltern hatte Miri noch jeweils ein Hufeisen bemalt. Am Ende war von den acht Hufeisen, die sie auf dem Dachboden gefunden hatte, noch eines übrig geblieben. Das hatte sich Miri einfach selbst zu Weihnachten geschenkt und über ihrem Bett aufgehängt.

Miri ging in den Stall zurück und verteilte reihum ihre Geschenke. Sie war wirklich gespannt, was die anderen sagen würden.

Als Frau Tanner ihr Päckchen geöffnet hatte, drückte

sie Miri an sich. »Das Hufeisen ist ja wirklich hübsch! Vielen Dank, mein Schatz!«

»Gerne«, sagte Miri und strahlte. »Glück kann schließlich jeder gebrauchen.«

Fiete hatte das Hufeisen auf seinen Geschenkestapel gelegt und riss schon das nächste Päckchen auf.

»Wow, ein neuer Fußball!«, rief er. »Der ist echt cool!«

»Lass ihn diesmal aber bitte nicht mehr im Hof liegen«, sagte Herr Tanner. »Du weißt, was Bruno mit dem letzten Ball gemacht hat.«

Bruno, der seinen Namen gehört hatte, legte den Kopf schief.

»Nee, mach ich ganz bestimmt nicht.« Fiete kickte gegen seinen Ball, der von der Stallwand abprallte und genau vor Bruno rollte. Bruno betrachtete ihn interessiert und öffnete dann das Maul.

»Nein, Bruno! Nicht reinbeißen!«, rief Fiete und stürzte sich auf den Ball. Dabei rempelte er seine Mutter an, die ins Wanken geriet und sich an einem Zweig des Weihnachtsbaums festhielt. Das Hufeisen glitt ihr aus der Hand. Im selben Moment rutschte eine von Elises Christbaumkugeln herunter, und beides fiel auf den Boden. Mit einem Klirren zerbrach die Kugel.

»Oje«, sagte Frau Tanner. »Die ist kaputt.«

Miri zuckte mit den Schultern. »Nicht schlimm. Christbaumschmuck haben wir genug. Und dem Hufeisen ist nichts passiert.« Sie bückte sich,

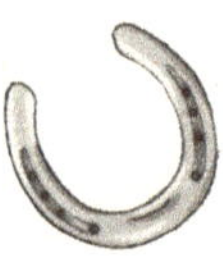

um das Geschenk ihrer Mutter aufzuheben. Einige Kugelscherben lagen darauf, und Miri schob sie vorsichtig zur Seite, damit sie sich an den scharfen Kanten nicht schnitt.

Plötzlich erstarrte sie in der Bewegung. Direkt neben dem Hufeisen lag eine Scherbe, auf der das Wort »Glück« stand. Miris Herz begann wild zu klopfen.

»Das Glück liegt dir zu Füßen«, murmelte sie.

»Was hast du gesagt, Miri?«, fragte Frau Tanner.

Miri begann zu lachen. Sie sprang auf, hielt das Hufeisen hoch in die Luft: *»Das Glück liegt dir zu Füßen!* Ich glaube, jetzt weiß ich, was Elise damit gemeint hat!«

»Was? Wie?!«, fragte Jule.

Fiona war aufgesprungen. »Hast du das letzte Rätsel etwa geknackt?«

In Miris Kopf fügte sich plötzlich alles zusammen.

»Es waren acht Hufeisen auf dem Dachboden«, sagte Miri. »Acht Stück! Versteht ihr?«

Niemand wusste, wovon Miri da eigentlich sprach, doch das war ihr egal. Sie musste überprüfen, ob sie mit ihrem Einfall richtiglag. »Kommt mit!«, rief sie und rannte aus dem Pferdestall. Die anderen blickten sich verständnislos an und folgten ihr dann.

Miri holte aus der Scheune eine Leiter, die sie gleich darauf an die Wand des Pferdestalls lehnte.

»Was machst du denn da?«, fragte Frau Tanner und schüttelte den Kopf.

»Ich muss mir das Tannerwappen ansehen«, sagte Miri, während sie die Leiter hinaufkletterte.

»Meinst du, das ist der Schatz?«, fragte Jule verblüfft.

Miri war oben angekommen und nickte. Vor ihr hing das Wappen. Ein Tannenbaum in der Mitte, der von acht Hufeisen eingerahmt wurde. Ihre Mutter hatte gesagt, dass sie von den acht Isländern stammten, die Elise Tanner mit nach Deutschland gebracht hatte.

Was aber war, wenn das gar nicht stimmte?

Das Glück liegt dir zu Füßen, dachte Miri wieder. Es passte perfekt. Pferde trugen ihre Hufeisen an den Füßen, und Hufeisen waren Glücksbringer. Die Frage war nur, welches Geheimnis die Hufeisen verbargen.

»Papa, kannst du mir eine Zange bringen?«, rief Miri nach unten.

Herr Tanner kratzte sich ratlos am Kopf. »Du willst doch nicht unser schönes Wappen kaputt machen?«

»Vertrau mir, Papa«, sagte Miri strahlend. »Ich glaube, du wirst gleich ein Weihnachtswunder erleben!«

Herr Tanner holte seinen Werkzeugkasten und reichte Miri eine Zange. Damit entfernte sie den Nagel, mit dem das Hufeisen an der Eisenplatte befestigt war. Vorsichtig nahm sie es und kletterte damit die Leiter herunter. Dann kniete sie sich neben der Feuerschale auf den Boden. Die anderen standen um sie herum. Alle waren mucksmäuschenstill. Sogar Bruno schien gebannt auf Miri zu schauen und gab keinen Ton von sich. Miri nahm die Zange und begann, damit an der Oberfläche des Hufeisens zu kratzen. Die rostbraune Schicht bröselte ab. Miri hielt die Luft an, und dann war es, als würde in ihrem Inneren ein Feuerwerk explodieren.

Das Hufeisen schimmerte im Schein der Flammen golden!

Einen Moment lang sagte niemand etwas. Dann kreischten Jule und Fiona los und fielen sich um den Hals. »Der Tannerschatz! Wir haben den Tannerschatz gefunden!«

Miris Eltern warfen sich verwirrte Blicke zu. Sie verstanden nicht, was hier gerade passierte.

Miri liefen Tränen die Wangen hinunter. Die ganze Weihnachtszeit hatte sie sich so sehr gewünscht, dass endlich alles gut werden würde. Obwohl sie so oft daran gezweifelt hatte, lag der Tannerschatz nun hier vor ihr. Ein Hufeisen aus purem Gold!

Miri stand auf, schmiegte sich an ihre Eltern und begann zu erzählen: »Wir haben nach dem Tannerschatz gesucht, seit wir die Metallkiste gefunden haben«, erklärte sie. »Elise Tanner hat uns verschiedene Rätsel hinterlassen. Das erste war auf der Metallplatte. Die hat uns zu einem versteckten Brunnen im Wald geführt. Dann mussten wir in der Küche von Burg Weißenfels weitersuchen, wo wir ein Kästchen gefunden haben. Darin waren sechs Christbaumkugeln mit einem letzten Rätsel versteckt.«

Jule lief in den Stall und brachte die fünf Kugeln und die Scherbe, auf der *Glück* stand, nach draußen.

»Wir haben so lange gegrübelt, was der Spruch bedeuten könnte«, sagte Jule. »Dank Miris genialer Eingebung wissen wir es endlich!«

»Irgendwie hat vorhin alles einen Sinn ergeben«, erwiderte Miri.

»Im Grunde ist das Wappen ein perfektes Versteck«, erklärte Fiona. »Ein Goldschatz, getarnt als Hufeisen in einem Wappen. Man sieht es jeden Tag, und trotzdem kann niemand die Wahrheit erkennen.«

Frau Tanner starrte Miri an. »Ich kann wirklich nicht ganz glauben, was ihr da erzählt. Du meinst, das Hufeisen ist aus Gold?«

»Vielleicht sogar alle«, überlegte Miri.

Jule sah ihren Vater an. »Papa, als Juwelier kennst du dich doch mit Gold aus, oder?«

Herr Seibert nickte. »Ich kann mir die Hufeisen schon mal ansehen. Unglaublich, eure Geschichte.«

Gemeinsam holten Miris Vater und Herr Seibert das Wappen herunter und nahmen alle Hufeisen ab. Miri beobachtete Herrn Seibert, der die Hufeisen genau unter die Lupe nahm, und biss sich vor Aufregung auf die Lippe.

Endlich sah Herr Seibert auf und sagte: »Es ist kaum zu fassen, aber diese acht Hufeisen sind tatsächlich aus massivem Gold.«

»Und wie viel sind sie wert?«, fragte Miri vorsichtig. »Können wir die Pferde behalten?«

»Oh ja! Ganz bestimmt!«, antwortete Herr Seibert. »Davon könnt ihr sogar eure Reithalle wieder aufbauen!«

Im Hof brach plötzlich ein Tumult los. Alle fielen sich in die Arme. Miri, Fiona, Jule und Fiete tanzten um die Feuerschale herum, und Bruno bellte freudig.

Herr Tanner drückte Miri fest an sich. »Jetzt müssen wir aber noch etwas ganz Wichtiges erledigen.«

Er ging ins Haus und kam gleich darauf mit einigen Papieren zurück.

»Was ist das?«, fragte Miri.

Herr Tanner grinste. »Herrn Königs Kaufvertrag für die Isländer. Den können wir getrost entsorgen.« Er warf die Papiere in die Feuerschale, und sie gingen sofort in Flammen auf.

»Ach, das fühlt sich richtig gut an«, sagte Herr Tanner lachend. »Ehrlich gesagt hab ich Herrn König noch nie leiden können.«

»Darf ich das auch in die Feuerschale werfen?«, fragte Fiete und hielt ein zusammengerolltes Papier in die Höhe. Es sah genauso aus wie die Nachricht, die die Freundinnen in dem Kästchen gefunden hatten.

»Woher hast du das?«, fragte Miri.

»Es war in einer Klappe hinten am Wappen«, antwortete Fiete. »Hab ich gerade gefunden. Also, darf ich es verbrennen?«

»Nein!!!«, schrien Miri, Jule und Fiona gleichzeitig.

Miri nahm Fiete das Papier ab und entrollte es. Sie erkannte die Schrift auf dem Papier.

»Ein Brief von Elise Tanner«, flüsterte Miri andächtig und begann zu lesen:

Mein lieber Tanner-Nachfahre,

Du hast es geschafft und bist endlich am Ziel angekommen.
Der Tannerschatz gehört Dir!
Vielleicht fragst du Dich, warum Du so viele Hürden auf Dich nehmen musstest, um den Schatz zu finden. Das will ich Dir nun erzählen: Mein geliebter Kasimir und ich

haben den Wikingerschatz in einer verborgenen Höhle in Island gefunden. Schon damals gab es viele Neider, die uns den Schatz stehlen wollten.
Als Kasimir bei einem Unfall starb, musste ich allein mit meinen Kindern nach Deutschland zurückkehren. Doch schon bald säte der Schatz auch unter meinen Kindern Zwietracht. Deshalb beschloss ich, den Schatz zu verstecken und ihn somit seinem eigenen Schicksal zu überlassen.
Ich ließ das Wikingergold einschmelzen und in Hufeisenform gießen. In Gedenken an Kasimir, der nie ruhte, bevor er einem Geheimnis auf die Spur gekommen war, überlegte ich mir Rätsel.
Nur ein Tanner-Nachfahre, der hartnäckig genug war, alle Rätsel zu lösen, der die Gegend rund um den Tannenhof kannte und liebte wie ich, war imstande, das Vermächtnis des Schatzes anzutreten.
Da Du den Brief nun in den Händen hältst, ist dieser Zeitpunkt wohl gekommen.
Ich hoffe, der Schatz bringt Dir und Deiner Familie alles Glück der Welt.

Deine Elise Tanner

Miri ließ den Brief sinken. Nun waren auch die letzten Geheimnisse um Elise Tanner gelüftet worden! Sie legte die Arme um Fiona und Jule. Ohne ihre besten Freundinnen hätte sie das niemals geschafft! Sie zog die beiden mit sich in den Stall. Odin, Skotti und Elja standen in der Box und schnaubten freudig, als sie die Mädchen sahen.

Fiona kraulte Eljas Ohren und seufzte. »Was für ein Weihnachtsfest!«

»Oh ja«, sagte Jule und tätschelte Skottis Hals.

Miri schmiegte sich ganz fest an Odins warmes, weiches Fell. Sie würden die Reithalle wieder aufbauen und mussten kein einziges ihrer Pferde verkaufen.

Alle ihre Wünsche waren in Erfüllung gegangen. Miri drückte Odin einen Kuss auf die Nüstern und flüsterte: »Frohe Weihnachten, mein Großer!«

Rätsel 24

Entschlüssele die Weihnachtsbotschaft! Jedes Symbol steht für einen Buchstaben.

F

Lösungen

Rätsel 1

Was hilft im Winter gegen kalte Finger?	H a n d s c h u h e
Womit wird das Pferd beim Reiten gelenkt?	Z a u m z e u g
Was liegt unter dem Sattel?	S a t t e l d e c k e
Was trägt der Reiter an seinen Füßen?	R e i t s t i e f e l
Worauf sitzt der Reiter?	S a t t e l
Was stützt die Füße des Reiters?	S t e i g b ü g e l
Was muss man beim Reiten auf dem Kopf tragen?	R e i t h e l m

Reithelm

Zaumzeug

Satteldecke

Handschuhe

Reitstiefel

Sattel

Steigbügel

Die Freundinnen schenken ihren Pferden zum 1. Dezember neue H a l f t e r !

Rätsel 2

Rätsel 3

Rätsel 4

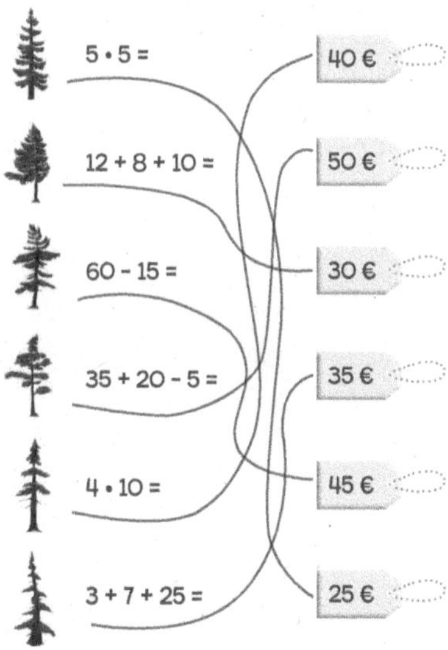

Rätsel 5

Rätsel 6

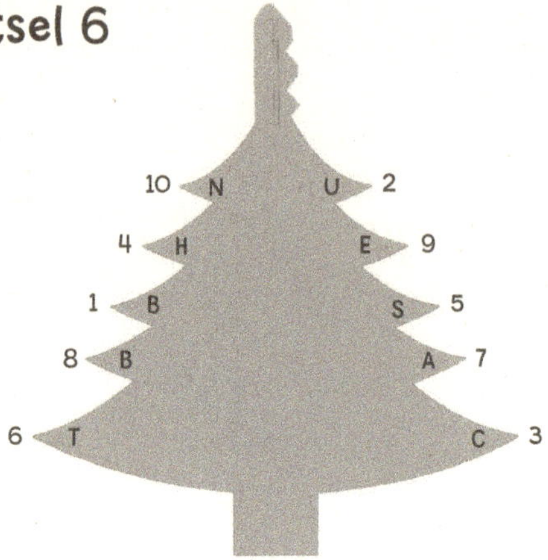

Auf der Metallplatte sind eingeritzte

B U C H S T A B E N

1 2 3 4 5 6 7 8 9 10

Rätsel 7

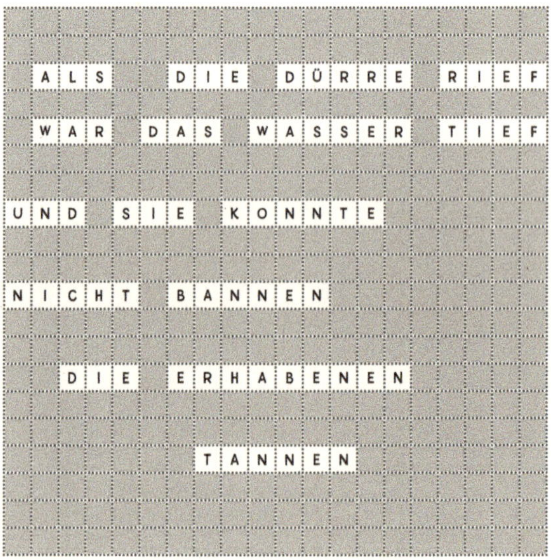

Rätsel 8

A R
M P B T
P K H D N E
Z Y M E Q I Ä Ö
D A S Ö T A S S E N
V Ö S Y Q C M B P K J M
P X L E B K U C H E N V Q J
D M G U F Q K M N L T E Z P P Ä
W E I H N A C H T S S C H M U C K B
X Z Q P V Ä M Q U X I A Z Q N Ä M X
B U C D T M L E T E L L E R Ö S Q Z I A
V Ö X Y J Q Z M P N Ä Ü E V B C Ä V P D
S E R V I E T T E N Y M H M
D O E Ä E R H A B R T E P Ö P V
U C A T R L I C H T E R K E T T E N
P H Ä Ö G M Y Z Q Ö X V H Y J M Ö X V I
X Ö M Y P Ä Q Ü E U N X F A C K E L N V
X P V J M
B Ä X P Z
V X M Ä Ö

Rätsel 9

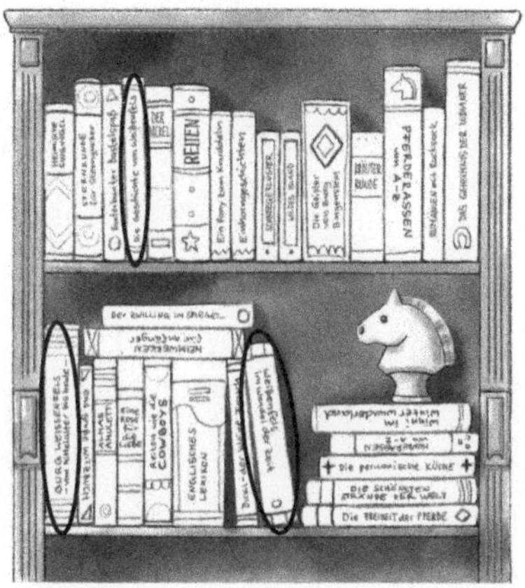

Rätsel 10

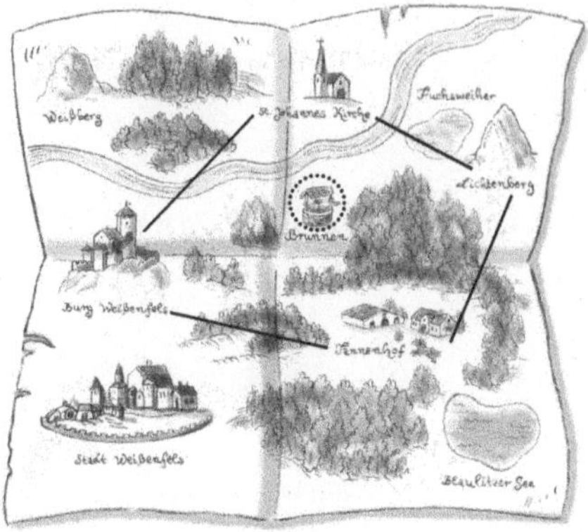

Rätsel 11

Rätsel 12

1

BÄR

2

HUND

4

PFERD

4

ZIEGE

1

KATZE

2

KUH

5

SCHWEIN

2

SCHMETTERLING

6

FROSCH

4

HASE

Lösung:

BURGKUECHE

Rätsel 13

Rätsel 14

Jule

Fiona

Fiete

Frau Tanner

Herr Tanner

Rätsel 15

Rätsel 16

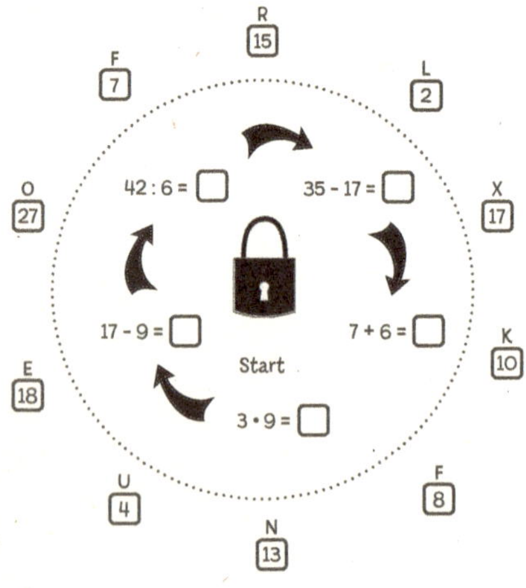

Lösung: OFFEN

Rätsel 17

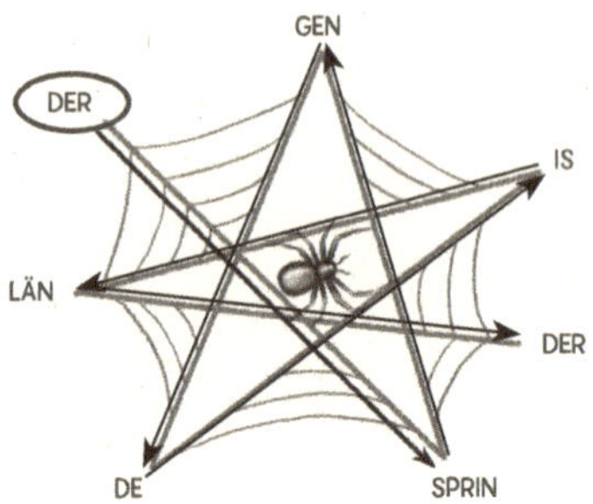

Lösung: DER SPRINGENDE ISLÄNDER

Rätsel 21

Rätsel 22

Lösung: 2 7 4 1

Rätsel 18

Morgen  wird's was geben. Kinder

Kling,  , klingelingeling. Glöckchen

O,  Tannenbaum

Morgen kommt der  Weihnachtsmann

Leise rieselt der  Schnee

Kommet, Ihr  Hirten

Stille Nacht, heilige  Nacht

Rätsel 19

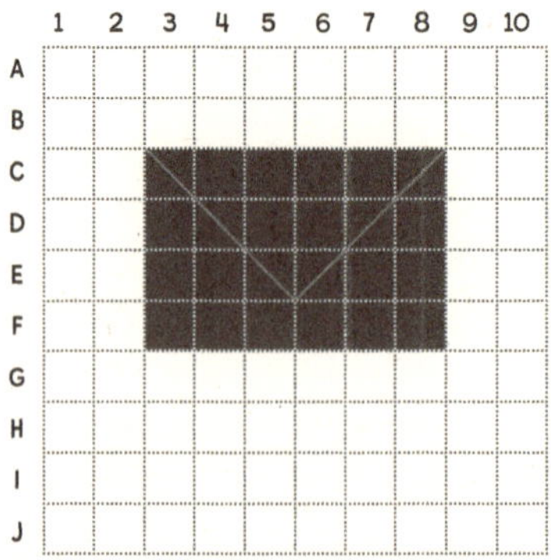

Rätsel 20

Rätsel 23

Rätsel 24

F R O H E

W E I H N A C H T E N